Magazine School

Magazine School
관인[仁;감각이 있다.]

초판 1쇄 발행 2024년 12월 20일

지은이 관인고등학교 규장각 (주가람, 이정진, 박신비, 최사랑, 신지유, 김다빈, 정수아, 이채은, 황만식)
총괄지원 황만식 교장선생님, 최석규 교감선생님
펴낸이 장길수
펴낸곳 지식과감성#
출판등록 제2012-000081호

주소 서울시 금천구 벚꽃로298 대륭포스트타워6차 1212호
전화 070-4651-3730~4
팩스 070-4325-7006
이메일 ksbookup@naver.com
홈페이지 www.knsbookup.com

ISBN 979-11-392-2346-0(03810)
값 13,500원

- 이 책의 판권은 지은이에게 있습니다.
- 이 책 내용의 전부 또는 일부를 재사용하려면 반드시 지은이의 서면 동의를 받아야 합니다.
- 잘못된 책은 구입하신 곳에서 바꾸어 드립니다.

지식과감성#
홈페이지 바로가기

Magazine School

관인

[仁;감각이 있다.]

관인

[仁;감각이 있다.]

contents
매거진

1 복합감각
What is 규장각? - 주가람 9
그냥, 흔한 이야기 - 정아라 21

복합 감각에서는 규장각 소개, 웹툰, 일러스트 등이 소개되고, 규장각 구성원들의 인생 책, 규장각 활동 중 기억에 남는 순간, 자기 정의, MBTI 등에 대한 설문 내용이 담겨 있습니다.

2 시각
학교 속 작은 병원, 보건실을 말하다 - 박신비 37
어서 와 도서관 - 이채은 44
OOTD - 신지유 50

시각에서는 보건 선생님, 사서 선생님 인터뷰, OOTD 등의 내용이 시각적인 요소를 활용하여 구성되어 있습니다.

3 미각
관인 급식도락 - 최사랑 56
맛집 이 선생 - 이정진 60

미각에서는 급식 사진과 함께 맛집 소개가 상세하게 이루어지고 있습니다. 관인 지역의 다양한 맛집들을 지도와 함께 소개하고, 각 식당의 특징과 추천 메뉴를 자세히 설명합니다.

4 청각

청춘의 리듬, 관인고 학생들의 시선으로 듣다 - 김다빈 74
너의 목소리가 들려 - 정수아 81

청각에서는 학생 인터뷰, 교감/교장 선생님 인터뷰 등의 내용이 청각적인 요소를 활용하여 구성되어 있습니다.

---

5 에세이

未定(미정) - 김다빈 92
지금, 이 순간 - 박신비 96
이것저것 - 신지유 99
추억 여행 - 정수아 104
싫은 육 년 - 이채은 108
홀씨 - 최사랑 111
관인과 인생 - 정아라 114
첫사랑(;우리를 힘껏 관통하는 시간에 대하여) - 주가람 118
부끄러움의 습작 - 이정진 126
관인고의 학생들에게 보내는 편지 - 황만식 134

마지막으로 에세이 파트에서는 규장각 구성원들의 개인적인 경험과 생각을 담은 글이 사진과 함께 실려 있습니다.

복합감각

"교차하는 감각의 경계에서 피어나는 새로움, 낯선 친밀함의 서사."

What is 규장각?

EDITOR _ 추가람

'봄날의 햇살 같은 가람 쌤'이 들려주는 - 규장각 A to Z

　안녕. 나는 관인고등학교에서 규장각을 맡은 주가람 선생님이야. 부끄럽지만, 지금부터 내가 사랑하는 문예 동아리 '규장각'을 소개해 볼게.

　'규장각'은 경기도에 북부에 있는 관인고등학교의 문예 동아리란다. 2020년에 처음 동아리에 담당 교사로 들어왔을 때는, 맹희현 학생이 만든 '집현전'이라는 독서 토론 동아리가 그 모태였어. 2021년 후부터는 '규장각'이라고 이름이 바뀌고(내 의지는 아니었어. 글쎄, 바꾼다면 CRIER—크리에는 어떨까? 불어로는 '소리치다', 영어로는 '알리는 사람'이라는 뜻이라고 해.) 본격적으로 문예 창작 활동을 진행했어.

　이전에는 50 대 50으로 독서 토론과 문예 창작을 병행했다가, 올해부터는 8할 이상을 문예 창작을 하는 활동에 비중을 두는 편으로 진행하고 있지.

　내가 책을 만들게 된 계기가 궁금하려나?

　수업에서 내가 교단에 설 때면 너희들에게 늘 정답이 있는 질문만을 던지는 느낌이었어. 마음속 깊이 예술을 사랑하는 한 사람으로서 교실에서 문예에 대한 개방된 이야기를 나누지 못하는 것이 아쉬웠단다.

　결론적으로 너희들이 가진 진솔한 마음을 소중히 모으고 싶은 생각에 한 해 동안 학생들이 각자 쓰고 싶은 말과 마음 묵혀 두었던 글을 모아 책을 출간하자는 목표를 세우게 되었어. 학생 개개인의 글을 통해 서로의 고민을 이해할 수 있을뿐더러, 이 글들을 책으로 만들어 다른 이들과 공유할 수 있다는 건 정말 소중하고 귀중한 경험이 될 거라 생각했거든. 새해마다 광화문에 있는 교보문고에서 '규장각'이 쓴 책을 보며 얼마나 기뻤는지. 벌써 몇 명의 학생들이 현업 작가나 현업 디자이너가 되었는지 모른단다!

첫 번째 문예지는 인쇄만 하고 출간하지 못해 아쉬움이 남았지만, 많은 선생님과 학생들의 노력 덕분에 두 번째 문예지인 《소음, 악음》을 출간할 수 있게 되었어. 《소음, 악음》은 한 학생이 "우리 마음속 소란스러운 저마다의 '소음'을 이야기로 쓰고, 우리가 만든 책을 다 읽고 나면 음이 끝나는 순간인 '악음'으로 이름을 지으면 어떨까요?"라고 말한 것에서 비롯되었어.

세 번째 문예지인 《규장각, 세 번째 이야기》를 집필한 후부터는 《소음, 악음》과 함께 온오프라인에 판매할 수 있도록 교육청에 문의하고 출판사와의 계약서를 몇 번이나 수정하여 마련한 끝에 책이 세상의 빛을 받게 되었어. 그리고 너희들의 성원 덕분에 문예지 수익금은 연말에 모두 지역 아동단체에 기부했었어.

이제 네 번째 문예지인, 《2024 매거진 관인》에 대해 이야기를 해 볼까? 올해부터는 국어 선생님이신 이정진 선생님과 함께 규장각을 이끌게 되었어. 운전이면 운전, 책이면 책, 아이디어면 아이디어까지 만능인 이정진 선생님은 은근한 츤데레랄까. 처음에는 부끄러워하시다가도 학생들의 이야기를 담고 매거진을 만드는 데 열심이신 멋진 분이라고 생각해.

올해 회장을 맡은 박신비 학생, 부회장을 맡은 최사랑 학생과 더불어 규장각 친구들이 서울 견학을 떠났단다.

(우리는 1년에 한 번 견학을 가!) '독서관'이라는 독립서점에서 사장님을 인터뷰하는 동안 우리는 동시에 '우리만의 시선'과 '매거진'을 작성해야겠다는 영감을 받았고 이를 홍대 길거리에서 인사이트를 공유하며 길을 걸었지. 그게 이번에 그냥 문예지가 아닌 문예 매거진을 기획하게 된 이유야.

다음 목적지인 출판사 '지식과감성#'에 가서 "매거진을 만든다면?"이라는 질문을 바탕으로 구체적인 방향을 모색했어. 교정팀과 편집팀을 주관하는 각 팀장님들과 사장님까지 1시간이 넘는 인터뷰에서 한 명 한 명의 질문에 진지하게 답해 주셨던 덕분에 도움을 주신 분들을 믿고 이번 매거진이 탄생하게 된 거야.

《2024 매거진 관인》의 콘셉트는 '관인'이라는 텍스트로부터 출발해. 이 텍스트의 낱자들을 떼어 놓아 보면 '인(仁)'이라는 글자를 새로운 시각으로 들여다볼 수 있게 돼. '인(仁)'은 '어질다, 자비롭다'라는 익히 아는 뜻도 있지만 '감각이 있다'라는 뜻도 갖고 있어. 우리는 관인에 있는 고등학교 학생일 뿐만 아니라, '관인이라는 공간 속에서 모인 복합적인 감각을 지닌 사람들'이라는 낯설고도 감각적인 의미를 발췌하게 되었어.

어떠니? 너희들이 복합적인 감각을 인지하는 사람들이라는 거 말이야. 산뜻한 향기가 나기도 하고 낯선 장면들이 머릿속을 떠다니고 혹은 온몸에 전율이 흐르는 느낌이 들지는 않니?

규장각 박신비, 최사랑, 김다빈, 정수아, 신지유, 정아라, 이채은과 교사 주가람, 이정진!

우리들의 매거진은 너희들을 전율시킬 준비가 되어 있어.

그러니 다들 저를 따라와 보실까요?

| 너의 이름은? | 주가람 |

1. 나의 인생 책을 한 권만 꼽는다면? 그 이유는?

《지상의 양식》은 프랑스의 작가 '앙드레 지드'가 24세부터 30세 이전까지 다섯 차례의 북아프리카 여행을 통해 여행의 메모와 기록들을 한데 모은 책이야. 이 책은 나타나엘(제자)과 메날크(스승)에게 쓴 전언들의 집합을 책으로 엮은 것이어서, 이것을 시든지 에세이든지 혹은 소설이든지 명확히 장르적으로 구분하기 어려워.

이 책은 간행 후 10년간 불과 500부밖에 팔리지 않았지만, 지드 이후의 사르트르와 카뮈에 이르기까지 모든 청년 세대에 영향을 주었어. 나는 20대에 이 책을 읽고 그가 서문에서 말한 "모든 것에 대한 구애 없는 넓은 관심과 행동의 지평선을 여는 것", "방랑과 대상을 가리지 않는 모든 것에 대한 호기심과 열애"에 대해 진지하게 고민했었어. 이 책 덕분에 '나'와 '나'의 경계를 벗어나기 위한 끝없는 질문을 던졌고, 나 스스로를 선명하게 마주하게 해 주었던 기억이 있어.

2. 규장각에 들어와서 가장 기억나는 순간은?

올해 서울 견학도 참 좋았지만, 하나만 꼽자면 다 같이 파주 견학을 갔던 기억이 떠올라. '오래된 서점'이라는 독립 출판사 사장님 부부 내외분을 인터뷰하기 위해, 규장각 친구들이 빙 둘러앉아 '글을 쓰는 힘'과 '글쓰기의 방향'에 대해 뜨겁게 묻던 모습과, 시선을 맞춰 답변하시던 사장님 부부의 모습이 훤하네. 마음속엔 그 순간 두 분의 말씀을 열정적으로 경청하던 규장각 친구들의 모습이 여전히 깊게 새겨져 있는데, 오래 그 기억이 남을 것 같아.

3. 지금의 나를 한마디로 정의한다면? 그리고 그 이유는?

20대의 끄트머리에서, 지난 20대를 돌아보면 스스로를 '펜촉'이라고 생각했던 적이 있어. 나는 기민하고 직관적인 감각을 지닌 사람이야. 글을 쓰려면 날카롭기도 하고 선명한 펜촉이 필요해. 그런데 이런 펜촉이 눌리는 순간에야 글을 쓸 수 있다는 걸 되새겨 보면, 나의 열정과 기민함 그리고 냉철한 사유들이 세계에 맞물리는 순간에 '나'는 '나'를 뚫고 나온다는 걸 알았어. 물론 그것이 기쁜 경험들만 있는 건 아니었어. 고통스럽고 복잡하기도 했어. '나'의 껍데기를 깨려면 '나'의 피부부터 벗겨 내야 하거든.

4. 10년 후 관인고등학교 운동장에 타임캡슐을 묻는다면 어떤 걸 묻고 싶어?

타임캡슐이 플라스틱이라면 딱히 운동장에 묻고 싶지는 않은데 말야. 그럼에도 무언갈 묻어야 한다면, 재생 용지에 인생에서 내게 화두였던 두 가지 단어를 적어 두고 싶어. 첫 번째는 "Le courage" 두 번째는 "Endurance". 용기와 인내라는 뜻이야. 종이라 썩어 없어지겠지만, 내가 이곳에 두 단어를 묻었던 기억은 영원하지 않을까.

5. 너희들의 MBTI는 뭐야? 자기 MBTI와 관련된 TMI 소개해 줘!

난 INTJ인데, 인티제 중에 열심히 안 사는 사람을 본 적이 없는 것 같아. 자기가 원하는 것을 1,000km 밖에서도 얻을 수 있는 감각이 있는 사람들이 많은 것 같아.

너의 이름은?   이정진

1. 나의 인생 책을 한 권만 꼽는다면? 그 이유는?

윤동주 시인의 시집인 《하늘과 바람과 별과 시》를 인생 책으로 꼽고 싶어. 윤동주 시인의 시는 나 자신을 돌아볼 수 있는 기회를 주거든. 읽을 때마다 매번 다양한 나를 발견하게 돼서 자주 열어 보게 되네. 힘든 하루에 내 자신이 지치고 흔들릴 때, 이 시집을 펼쳐 읽다 보면 다시금 단단해지는 나를 발견하게 돼.

2. 규장각에 들어와서 가장 기억나는 순간은?

뭐니 뭐니 해도 아이들과 서울로 현장체험학습을 다녀왔던 게 가장 기억에 남아. 출판사를 견학해 책이 만들어지는 과정을 눈으로 확인하고 그곳에서 영감을 얻는 것을 보고 아이들이 또 한 번 성장했다는 생각이 들었거든. 학교 안에서는 배우기 어려운 것들을 접하며 행복해하는 아이들의 모습을 보고 앞으로도 학교 밖 유관 기관과 협조해 배움의 기회를 자주 만들어 주고 싶다는 생각을 했어.

3. 지금의 나를 한마디로 정의한다면? 그리고 그 이유는?

'제2의 사춘기'라고 할 수 있을 것 같아. 고등학생 때 사춘기를 겪으며 내 정체성에 대해 고민을 많이 했었는네 교사가 되어 아이들을 마주하니 또 한 번 고민하게 되는 것 같아. 앞으로 내가 어떤 사람으로 성장하고 싶은지, 어떤 교사가 되고 싶은지 내 스스로에게 질문을 던지고 답을 찾고 있거든. 내 정체성에 대한 정답을 단숨에 찾기는 어렵지만 관인고에서 그 해답을 찾을 수도 있을 것만 같아.

4. 10년 후 관인고등학교 운동장에 타임캡슐을 묻는다면 어떤 걸 묻고 싶어?

2024학년도 관인고 학생들의 명부와 사진들을 묻고 싶어. 10년 후에 관인에 돌아와 아이들의 이름과 사진을 보면서 2024년의 추억들을 하나하나 꺼내 먹고 싶거든.

5. 너희들의 MBTI는 뭐야? 자기 MBTI와 관련된 TMI 소개해 줘!

내 MBTI는 'ESTJ'야. 대부분의 'ESTJ'가 그렇듯이 나도 다른 사람들과 재미있게 시간을 보내는 것을 좋아하고, 내가 할 일에는 책임감 있고 단호한 성격을 지닌 것 같아. 그런데 내가 대문자 T라서 아쉬울 때가 있어. 다른 사람의 감정을 생각하기에 앞서 이성적으로만 판단하게 되거든. 한번은 교무실에서 선생님들끼리 슬픈 이야기를 하면서 우는 모습을 봤는데, 그 감정에 이입하지 못하고 머릿속으로 어떻게 문제를 해결해야 할지만을 고민하고 있었어. 그걸 목격한 선생님들이 감정이 메말랐다는 핀잔 아닌 핀잔을 주셨어. ㅠㅠ 내가 'ESTJ'여서 그런지, 정서 지능이 부족해서인지는 잘 모르겠지만 F처럼 다른 사람들의 감정을 잘 헤아리고 진심으로 공감해 주고 싶을 때가 많아.

너의 이름은? 김다빈

1. 나의 인생 책을 한 권만 꼽는다면? 그 이유는?

서머싯 몸의 《달과 6펜스》를 꼽고 싶어. 곱씹으며 생각할 때마다 다른 시선으로 그를 보게 되고 평가하게 돼.

주인공의 예술에 대한 광적인 열정과 집착이 음악을 배우는 사람으로서 부럽기도 해. 주변의 평가에 흔들리기 쉬운 예술 분야에서 주변의 어떤 평가나 상황에도 예술에 대한 열정을 놓지 않고 몰입하는 주인공이, 처음 읽었을 땐 그저 흥미로운 천재적 인물이라고 여겨졌으나 시간이 흐를수록 그 정열이 너무나 부러워. 내가 음악에 대해 가졌던 정열과 갈망은 그에 비하면 너무나 하잘것없는 것이기에 그의 예술에 대한 열정의 근원은 어디인지, 정말 그냥 본능적인 충동이었던 것인지, 또 본능적인 충동이라면 어떻게 그 열정을 죽는 순간까지 사그라들지 않게 끌고 갈 수 있었는지 묻고 싶어.

2. 규장각에 들어와서 가장 기억나는 순간은?

답사했던 순간이 기억에 남아. 출판사에서 하는 일과 출판사의 분위기를 보는 것이 재미있었고 독립서점에서 책을 출판하시며 일하시는 사장님과의 인터뷰도 유익했어.

3. 지금의 나를 한마디로 정의한다면? 그리고 그 이유는?

'고장 난 나침반.' 이상과 현실의 괴리, 계획과 막상 실천하는 것들, 어떤 마음으로 음악을 시작했는지 또한 지금은 정말로 어떤 생각인지 모든 것이 혼란스럽고 어려워서 고장 난 나침반이 이리저리 흔들리듯 방황하고 있어.

4. 10년 후 관인고등학교 운동장에 타임캡슐을 묻는다면 어떤 걸 묻고 싶어?

적금통장.

5. 너희들의 MBTI는 뭐야? 자기 MBTI와 관련된 TMI 소개해 줘!

INTJ. 반 클라이번 국제 피아노 콩쿠르 우승으로 대한민국에 클래식 열풍을 불게 한 피아니스트 임윤찬의 MBTI와 같아.

너의 이름은?   이채은

1. 나의 인생 책을 한 권만 꼽는다면? 그 이유는?

니컬라 라이하니의 《협력의 유전자》를 소개할게. 생물들의 이타적으로 보이는 행동들이 그들의 생존과 유전자를 퍼뜨리는 데에 어떻게 도움이 되는지 설명해 주는 책인데 읽기 쉽고 중간에 농담도 많아서 재미있고 유익해.

작가가 어떤 개미에 대해 설명하며 이타적인 행동이 어떻게 자기의 유전자를 더 널리 퍼지게 할 수 있는지 설명한 게 기억에 남아. 내 기억상 그 개미는 가끔씩 상황이 안 좋으면 자기 무리를 살리기 위해 한 마리가 희생하는데 이 행동은 희생한 개미에게 전혀 이득이 되지 않을 것 같지만 희생한 개미와 같은 유전자를 공유하고 있는 같은 무리의 개미들이 살아남으면서 결과적으로 희생한 개미의 유전자는 계속 이어지게 된다는 내용이야.

2. 규장각에 들어와서 가장 기억나는 순간은?

책 쓰는 것 때문에 다 같이 노트북을 가지고 모여 앉아 있는 장면이 기억나. 이 책을 쓰기 위해 동아리 시간마다 다 같이 도서관에 모였고 나는 뭐부터 시작할지, 어떻게 할지 모르겠어서 불안했어.

3. 지금의 나를 한마디로 정의한다면? 그리고 그 이유는?

짐. 항상 의욕이 없고 부정적이고 일할 때 아무것도 떠올리지 못하고 게을러서 아무것도 제대로 하지 못하고 고칠 의지도 없어. 그래서 요즘 종종 짐덩이 같은 느낌이 들어.

4. 10년 후 관인고등학교 운동장에 타임캡슐을 묻는다면 어떤 걸 묻고 싶어?

없어.

5. 너희들의 MBTI는 뭐야? 자기 MBTI와 관련된 TMI 소개해 줘!

ISTP. 전체 인구의 5%밖에 되지 않고 여자는 더 희귀하다고 해. 난 특별해지는 걸 좋아해서 마음에 들어. 말수가 적고 많이 내성적이고 논리와 합리적인 걸 좋아하고 개방적이지만 성급하게 행동할 가능성이 크다고 해. MBTI 검사 사이트에서 설명을 들으니까 비슷한 것 같아.

너의 이름은? 정아라

1. 나의 인생 책을 한 권만 꼽는다면? 그 이유는?

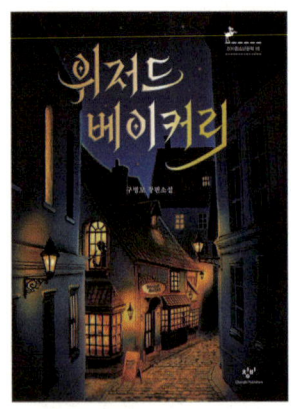

구병모의 《위저드 베이커리》를 인생 책으로 꼽고 싶어. 마지막 엔딩을 두 개의 가정으로 나누어 두 가지의 결말을 볼 수 있는 형식이 신박했고 재밌었어.

《위저드 베이커리》는 내가 중학생 때 수행평가로 어쩔 수 없이 읽은 책 중 하나야. 그냥 평범하게 빵을 만들거나 파는 단순한 이야기겠거니 생각하며 읽어 봤는데 생각보다 섬세하게 진행돼서 몰입하며 읽었어. 그때 위저드가 뭔지 궁금증을 가지고 끝까지 읽었었는데 마지막까지 안 나와서 결국 인터넷에 검색해 봤던 기억이 나. 비현실적이지만 의외로 현실적이고, 차갑지만 따뜻한 등장인물들의 알 수 없는 행동들이 궁금증을 자아내는 것 같아. 나는 이러한 책 특유의 분위기가 기억에 남아.

2. 규장각에 들어와서 가장 기억나는 순간은?

생각보다 많은 사람들이 규장각에 지원해서 동아리에 들어가기 위해 면접은 필수 관문이었어. 규장각이 면접을 보는 유일한 동아리였던 것 같아. 이때 면접 때문에 점심에 급하게 양치를 마치고 친구와 심장 졸이며 대기했었어. 적막한 분위기 속에서 4명씩 앉아 면접을 봤었는데, 그때가 아직 기억에 남아.

3. 지금의 나를 한마디로 정의한다면? 그리고 그 이유는?

나무늘보. 지금도 가만히 앉아서 느리게 글을 적고 있지.

4. 10년 후 관인고등학교 운동장에 타임캡슐을 묻는다면 어떤 걸 묻고 싶어?

지금까지 모아 둔 성적표를 묻고 싶어. 10년 후의 내가 그것을 본다면 어떤 생각을 할지 궁금하기 때문이야.

5. 너희들의 MBTI는 뭐야? 자기 MBTI와 관련된 TMI 소개해 줘!

나는 ISFP라 집에 있는 것을 좋아해. 그래서 준비하기 귀찮을 때 갑자기 약속이 취소되면 기분이 날아가.

| 너의 이름은? | 정수아 |

1. 나의 인생 책을 한 권만 꼽는다면? 그 이유는?

하태완의 《모든 순간이 너였다》를 소개하고 싶어. 이 책이 인생 책인 이유는 따뜻하고 예쁜 말들이 한가득 담겨 있어서 읽을 때마다 많은 기분을 느끼게 해 주기 때문이야.

"결과만 중요하고 그 과정은 중요하지 않게 생각하는 게
요즘 우리가 살아가는 세상이라지만,
그 속에서도 너의 그 소중한 과정을 알아주는
너만의 소중한 사람들이 분명히 있어."

라는 구절이 가장 기억에 남아.

2. 규장각에 들어와서 가장 기억나는 순간은?

규장각 부원들과 다 같이 책을 만들기 위해 체험학습을 갔던 날이 가장 기억에 남아. 왜냐하면 전까지는 책을 어떻게 만들어야 할지 막막하고 감이 안 잡혔는데 체험학습을 가서 많은 것을 보고 들으니까 어느 정도는 어떻게 책을 만들어야 할지 감이 잡혔거든.

3. 지금의 나를 한마디로 정의한다면? 그리고 그 이유는?

'성장'이라고 생각해. 왜냐하면 고등학교에 와서 매년 꾸준히 성장하고 있다고 생각하기 때문이야.

4. 10년 후 관인고등학교 운동장에 타임캡슐을 묻는다면 어떤 걸 묻고 싶어?

친구들과 좋은 추억이 담긴 사진들을 인쇄해서 묻고 싶어. 왜냐하면 친구들과 가장 오래 가까이 붙어 있던 공간이 학교이기 때문에 학교에 묻어 두었다가 나중에 보면 추억이 더 생생하게 느껴질 것 같아.

5. 너희들의 MBTI는 뭐야? 자기 MBTI와 관련된 TMI 소개해 줘!

내 MBTI는 ISFP야. 완전 F이기 때문에 가끔 공감 없이 딱딱하게 말하는 사람들한테 서운함을 느끼기도 해.

너의 이름은? 신지유

1. 나의 인생 책을 한 권만 꼽는다면? 그 이유는?

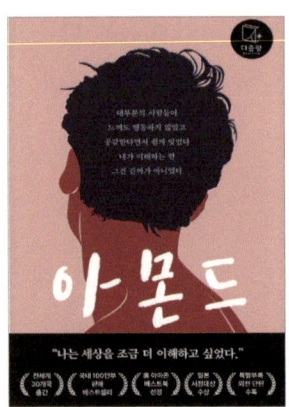

손원평의 《아몬드》가 생각나.
주인공이 감정을 배워 가는 과정이 감동적이었어.
타인에게 공감한다는 것이 힘든 일이라는 것을 깨달았어.
나 또한 주인공처럼 타인의 감정에 공감해 주는 것이 어려워서
더 공감이 간 이야기인 것 같아.

2. 규장각에 들어와서 가장 기억나는 순간은?

서울 탐방! 탐방하면서 우리의 계획을 완전히 세울 수 있었던 것 같아.

3. 지금의 나를 한마디로 정의한다면? 그리고 그 이유는?

'돌멩이.' 돌멩이같이 살고 싶어. 그냥 아무 생각 없이 멍하니 있고 싶어.

4. 10년 후 관인고등학교 운동장에 타임캡슐을 묻는다면 어떤 걸 묻고 싶어?

관인고에서 찍은 사진들. 추억을 묻는 거지.

5. 너희들의 MBTI는 뭐야? 자기 MBTI와 관련된 TMI 소개해 줘!

ISTP. 적당한 호기심…? 자그마한 것들도 다 궁금하고 그래.

| 너의 이름은? | 박신비 |

1. 나의 인생 책을 한 권만 꼽는다면? 그 이유는?

나의 인생 책은 관인고등학교 문예 동아리 규장각의 《규장각, 세 번째 이야기》야. 내가 첫 번째로 나만의 글을 완성하고, 출판한 책이라서 가장 좋아해. 또 이 책에 담긴 추억과 노력이 많아서 정이 많이 가.

같은 관심사를 가지고 함께 동아리 활동을 진행한 부원들의 글까지 모두 볼 수 있기 때문에 규장각의 추억이 담긴 나에게 가장 소중한 인생 책이야.

2. 규장각에 들어와서 가장 기억나는 순간은?

규장각 동아리의 첫 번째 시간이 가장 기억에 남아.
작년과 달라진 동아리 구성원과 함께 만나고,
이야기했던 시간이 가장 설레었던 것 같아서 잊히지 않아.

3. 지금의 나를 한마디로 정의한다면? 그리고 그 이유는?

지금의 나를 한마디로 정의한다면 '발자국'인 것 같아.
나는 현재 어른이 되기 직전 18살을 살아가고 있으며,
어른이 되기 위해 발자국을 남기며 성장하고 있기 때문이야.
새로 생기는 발자국은 지속적인 성장으로 앞으로 나아가는 것을 의미하고,
이미 지나온 발자국은 과거의 나를 의미하기 때문에
지금의 나에게 꼭 필요한 것이라는 생각이 들어.

4. 10년 후 관인고등학교 운동장에 타임캡슐을 묻는다면 어떤 걸 묻고 싶어?

나는 단체 사진을 묻고 싶어. (반 단체 사진, 동아리 단체 사진 등)
가장 빠르게 과거의 기억을 꺼낼 수 있는 물건은 사진이라고 생각해.
10년 후 모두 변한 미래에서 과거의 모습을 사진으로 추억하고 싶어.

5. 너희들의 MBTI는 뭐야? 자기 MBTI와 관련된 TMI 소개해 줘!

나는 ENFP야. 화가 나도 단순해서 금방 풀리고 은근히 내향적이야.

너의 이름은? 최사랑

1. 나의 인생 책을 한 권만 꼽는다면? 그 이유는?

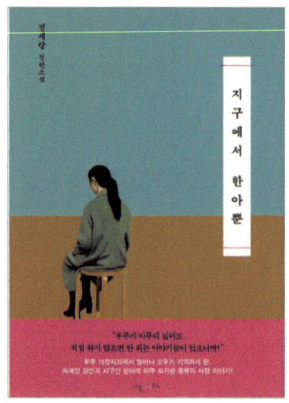

정세랑의 《지구에서 한아뿐》은 처음으로 가장 재미있고 짧은 시간 내에 읽었던 책이야! 평소 생각하지 못했던 일들이 책 속에서 일어나 아주아주 재미있게 읽었던 기억이 오랫동안 남아 있어. :)

2. 규장각에 들어와서 가장 기억나는 순간은?

곧 출간할 책의 표지 디자인과 제목을 정하기 위한 회의와 회식을 동시에 할 때 부원들끼리 웃고 떠들며 했던 것이 가장 기억에 남아!

3. 지금의 나를 한마디로 정의한다면? 그리고 그 이유는?

'욕심쟁이?' 하고 싶은 건 많고 시간은 별로 없어서 하루 동안 다 하지도 못할 일들을 자꾸 만드는 것 같아….

4. 10년 후 관인고등학교 운동장에 타임캡슐을 묻는다면 어떤 걸 묻고 싶어?

친구들과 함께 찍었던 사진을 묻고 싶어! 친구들과 함께 찍었던 사진을 10년 후에 다시 꺼내 본다면 어떤 기분이 들지 너무 궁금해!

5. 너희들의 MBTI는 뭐야? 자기 MBTI와 관련된 TMI 소개해 줘!

ISFP. I인데 주변에서는 E라고 추측을 많이 하고 F인데 T라고 생각을 많이 하더라구…?
그만큼 내가 너무 직설적으로 말하나… 싶어….

너의, 이야기

FLOHS
EILOC

EDITOR _ 정아람

Q. 이 학교 학생들은 평소 무엇을 할까?

이기면 수업 1시간 빼줄게

진짜요?

공기놀이

기억

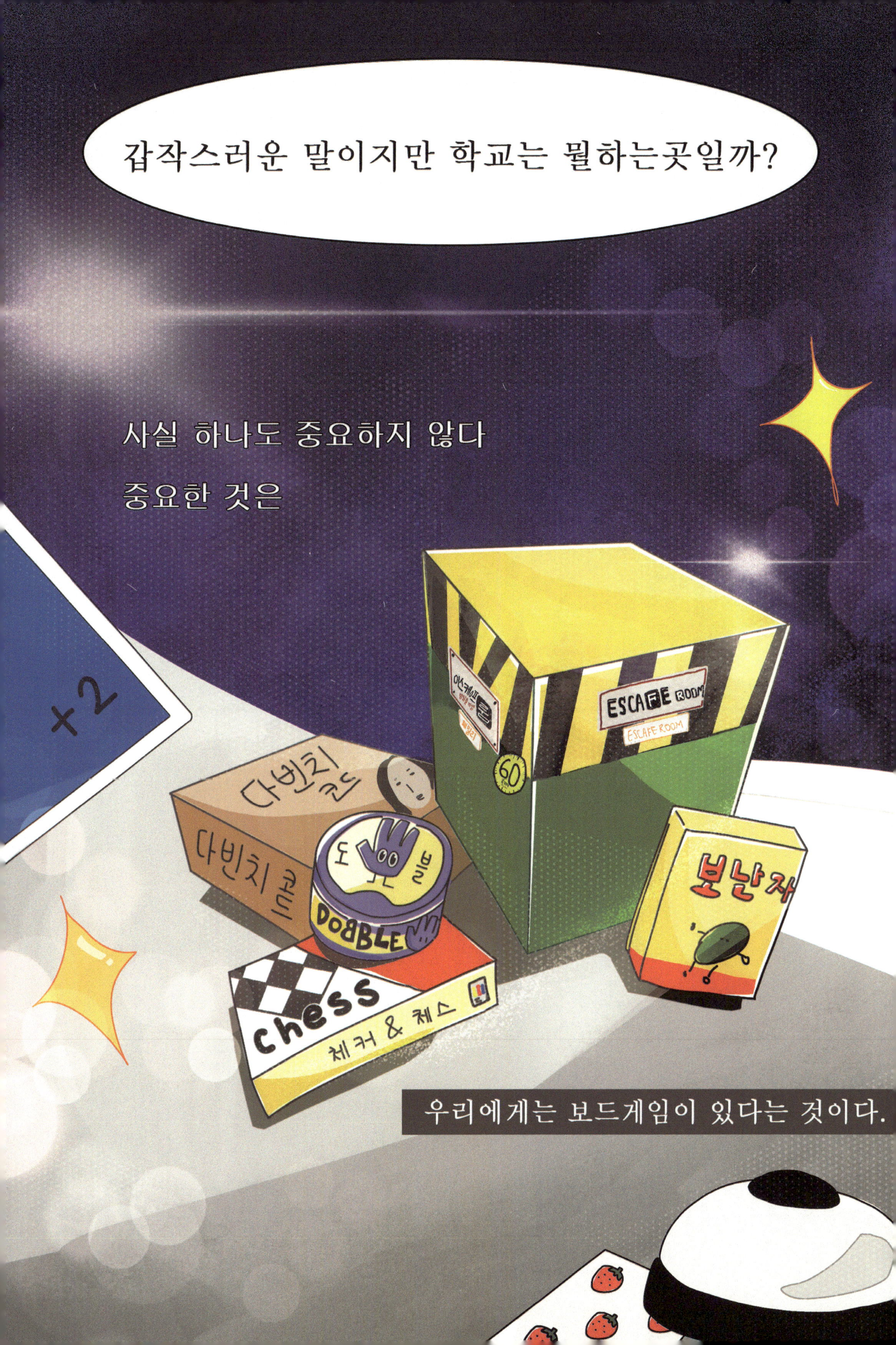
갑작스러운 말이지만 학교는 뭘하는곳일까?
사실 하나도 중요하지 않다
중요한 것은
+2
다빈치 코드
다빈치 코드
DOBBLE
chess
체커 & 체스
보난자
우리에게는 보드게임이 있다는 것이다.

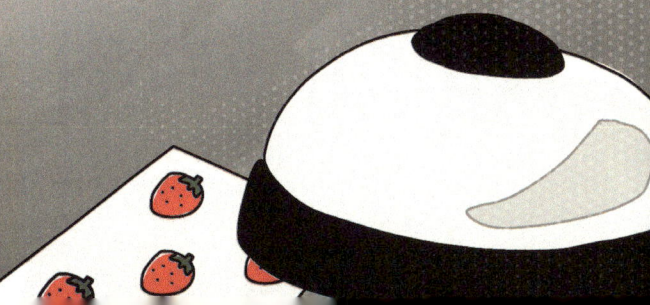

하지만 아무도 우릴 막을 수는 없다

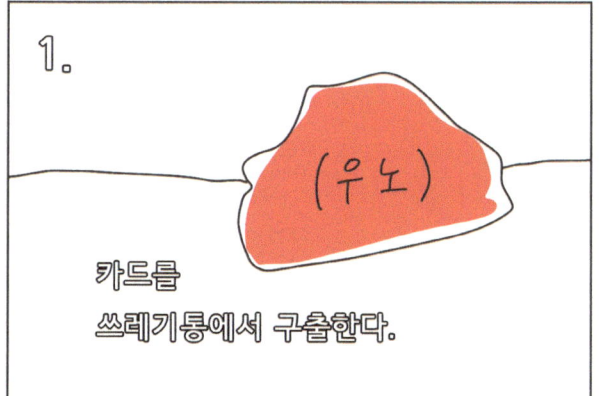

우노를 되살리기 위한 여정

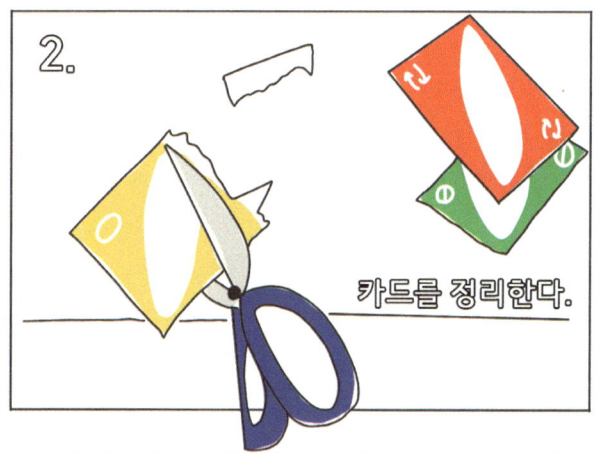

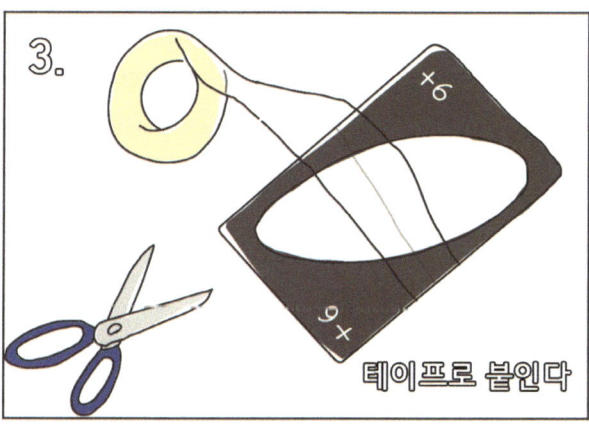

하지만

그렇게

하지만 우리에겐 아직 수많은 보드게임이 남았다

그 다음 타겟은...

우리의 보드게임은 계속되었다
end

시각

빛의 서사
"빛과 그림자의 대화, 공백 속에서 떠오르는 무언의 풍경."

간단한 부상을 치료할 수 있는 공간으로 기본적인 약품과 응급 처치 장비가 마련되어 있다.

피로와 불편함을 느끼거나 응급 처치를 받은 학생들이 안정과 회복을 위해 누울 수 있는 편안한 침대가 있는 공간이다. 학생들이 건강 관리를 할 수 있도록 돕는 체중 및 신장 측정기도 있다.

학교 속 작은 병원,
보건실을 말하다

EDITOR _ 박신비

인터뷰를 시작하며

안녕하세요. 관인고등학교 보건 선생님과 인터뷰를 진행한 박신비입니다.

제가 보건 선생님과의 인터뷰를 진행하게 된 이유는, 요즘 학생들의 건강 문제가 점점 더 중요해지고 있다는 생각이 들었기 때문입니다. 같은 반 친구들이 보건실을 자주 방문하고, 학교 내에서 전염병이 유행하는 것을 지켜보면서 관인고등학교 학생들의 건강 문제와 보건 선생님이 실제로 어떤 업무를 하고 있는지, 학생들을 위해 어떤 노력을 기울이고 있는지를 직접 들어 보고 싶다는 생각이 들었습니다.

따라서 이번 인터뷰에서는 학교 내 보건 교육과 학생들의 건강을 담당하는 보건 선생님과의 대화를 통해 관인고등학교 보건실과 관인고등학교 학생들을 더욱 자세하게 알아보았습니다. 이 인터뷰를 통해 독자들이 조금이나마 건강과 보건실의 중요성을 느끼고, 많은 사람에게 긍정적인 영향을 미칠 수 있기를 바랍니다.

직접 듣는 보건실 이야기

Q1 관인고등학교 학생들이 보건실에 가장 많이 방문하는 이유는 무엇인가요?

다수의 학생이 스트레스, 수면 부족, 피로 등으로 발생하는 두통과 콧물, 기침 등 호흡기 증상으로 보건실에 방문합니다. 건강 검진을 통하여 당뇨 진단을 받는 경우가 있어서 자주 당뇨 검사와 당뇨 관련 처치를 진행하기 위해서 방문하기도 합니다.

Q2 관인고등학교 학생들이 보건실에 방문하면 주로 어떻게 대처하시나요?

학생과의 관계가 편안해야지 학생들도 편하게 자신들의 이야기를 할 수 있으므로 방문 시에 증상에 대한 질문과 학생들의 일상에 대한 이야기를 많이 하려고 합니다. 그러다 보면 스트레스와 관련된 이유를 파악할 수 있습니다. 또한 자신의 건강증진을 위해 관리가 필요한 경우에는 자기관리에 대한 필요성에 대해 교육합니다.

Q3 관인고등학교 학생들에게 바라는 점은 무엇인가요?

과제 수행 시에 좀 더 적극적이고 학생이 학습을 주도하는 분위기가 필요할 것으로 생각됩니다. 그리고 많은 질문과 토론을 통해 본인의 생각을 논리 있게 전달하는 발표력이 향상되었으면 하는 바람이 있습니다.

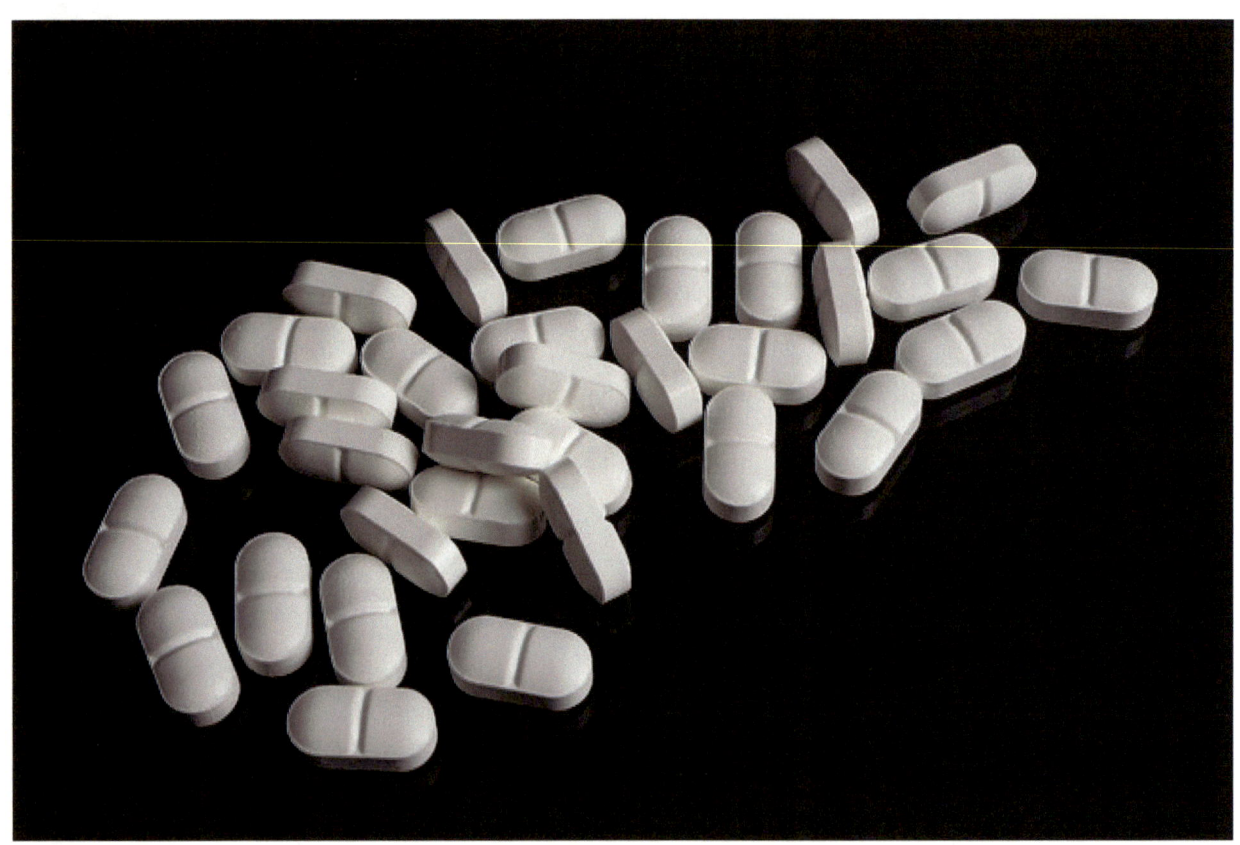

Q4 관인고등학교 학생들이 보건실을 이용할 때 지켜야 할 규칙이 있나요?

본교 학생들은 보건실 이용 규칙을 잘 지킵니다. 하지만 가끔 친구의 약을 받아 가기 위해 선생님 핑계를 대는 경우가 있는데 그런 경우 보건실에서 정확하게 파악할 수 없으니 피해 주세요. 그리고 처음 보건실에 오면 "○○약 주세요"라고 하지 말고 자세한 증상에 대해 먼저 이야기해 주기를 바라요.

Q5 관인고등학교 보건실은 관인중학교 보건실과 함께 결합하여 있고, 관인중학교 보건 선생님과 함께 업무를 하는데, 주로 관인중학교 보건 선생님과 어떠한 방식으로 업무를 분담하며 어떠한 장점이 있나요?

관인중고 보건실은 장소는 함께 공유하지만 분리되어 있습니다. 그러나 2명이 함께 근무하는 상황이므로 제가 수업에 들어가더라고 중학교 보건 선생님이 계시니까 학생 처지 및 응급 상황에 적절히 대처할 수 있다는 장점이 있습니다. 대부분 보건실은 혼자 근무하는 경우가 많은데 저희는 함께여서 좋은 환경입니다.

Q6 | 관인고등학교에서 가장 기억에 남는 학생이 있으신가요?

현재 정확한 상황을 설명해 드릴 수는 없지만 교직원과 학생들의 관심이 필요한 학생이 있습니다. 자신의 건강을 관리할 수 있는 능력과 건강 관리를 위해 앞으로도 많은 시간 저와 함께하게 될 것 같습니다.
어젯밤에 관사에서 잠을 자는 동안에도 그 학생 생각이 머릿속을 맴돌았습니다. 내일은 또 어떤 모습으로 등교할까? 어떻게 도움을 주어야 할까 등등 여러 가지 생각을 하게 됩니다.

Q7 | 관인고등학교에서 가장 재미있었던 일화가 있으신가요?

보건실에 오면 항상 투덜거리듯이 말하는 학생이 있어서 긴장하게 되고, 처치하는 과정에서 엄살 및 요구 사항이 많은 학생을 대하는 데 에너지 소모를 많이 하게 되는 경우가 있었습니다. 하지만 서로 얼굴만 보아도 서로 웃음을 지으면서 티키타카 하듯이 서로 이야기를 주고받는 관계가 되었습니다. 가끔 보건실 방문이 뜸할 때면 안부가 궁금해지기도 합니다.

Q8 | 보건실에서 관인고등학교 학생들의 건강을 위해 진행하고 있는 일은 무엇인가요?

먼저 전교생을 대상으로 감염병 예방 교육, 흡연 예방 교육, 구강 예방 교육, 만성질환 예방 교육 등을 진행하고 있습니다. 또한 건강검진 후 결과지를 바탕으로 당뇨와 고지혈증 등 만성질환의 관리와 관련하여 학생 개별상담, 보호자 상담 등을 하여 추후 검진을 할 수 있도록 적극적으로 돕고 있습니다. 매달 '보건 소식지'를 발행하여 학생들에게 보건 관련 소식을 알리고 있고, 무료로 진행하는 외부 강사를 초빙하여 건강 관련 예방 교육을 시행할 계획을 하고 있습니다.

Q9 | 관인고등학교 학생들의 건강을 증진할 수 있는 방법과 질병을 예방할 수 있는 대책은 무엇이라고 생각하시나요?

잠자기 전 스마트폰 사용은 멜라토닌의 분비를 방해하여 수면 방해 및 생체리듬 조절에 좋지 않기 때문에 취침 전 과도한 스마트폰 사용을 자제해야 하고, 학생들의 체력과 면역력 증진을 위해 아침 식사를 거르지 않고 규칙적인 식사 습관을 기르고 생활 속에서 규칙적으로 운동을 해야 합니다. 질병 예방의 가장 기본이 되는 올바른 손 씻기 6단계를 실천해야 하고, 교실을 자주 환기 실천하여 교내 감염병을 예방해야 한다고 생각합니다.

보건 선생님이 말하는 오늘

Q1 의사 파업[1]에 대해 어떻게 생각하시나요?

보건 선생님 의료진의 파업으로 국민의 안전이 위협받고 있는 상황에서 정부와 의료진이 서로의 입장을 이해하고 적극적인 대화를 통해 파업이라는 의료 공백 사태가 발생하지 않아야 할 것으로 생각됩니다.

박신비 의료진이 파업을 통해 자신의 권리를 주장하는 것은 중요하다고 생각한다. 하지만 의료진의 파업으로 환자들이 병원에서 진료를 거부당해 사망하는 사례가 있었다. 이처럼 파업으로 인해 환자들이 치료받지 못할 경우가 생길 수 있으니 환자들의 안전을 최우선으로 생각해야 한다고 생각한다.

Q2 비대면 진료[2]에 대해 어떻게 생각하시나요?

보건 선생님 급속한 인구 고령화로 만성질환자가 증가하는 추세이고 신종 감염병 확산으로 환자들이 직접 병원을 방문하는 데 어려움이 있으므로 거동이 불편한 노약자, 만성질환자 등에게는 비대면 진료가 적극 권장되어야 한다고 생각됩니다.

박신비 비대면 진료는 병원과 거리가 먼 지역에 살고 있거나 이동의 제약이 있는 환자들에게 유용하다고 생각하여 보건 선생님의 생각에 동의한다. 그러나 비대면 진료는 의사가 정확하게 환자의 증상이나 상태를 파악하지 못할 수도 있기 때문에 감염의 위험이 있는 팬데믹 상황 등 꼭 필요한 상황에만 사용하는 것이 적절하다고 생각한다.

---

1) 의사 파업: 의사들이 특정 주장의 관철을 목적으로 다 함께 진료를 보지 않는 집단 진료 거부의 통칭. 2024년 의료정책 추진 반대 집단행동은 2024년 2월 1일부터 대한민국 전역에서 사직서 제출 및 현장 이탈, 임용 포기, 계약 포기, 휴학, 소송, 단식, 삭발, 여야 의정 협의회 불참, 의료인력 추계위 불참 등 다양한 유형으로 나타나고 있다. 2024년 의료정책 추진 반대 집단행동의 원인은 정부의 일방적인 의대 정원 2,000명 확대 및 필수 의료 정책 패키지 추진에 대한 반발로 생겨났다. 2024년 의료정책 추진 반대 집단행동의 영향은 응급실 대란 발생, 대학병원의 재정적자 및 파산 위기 등 다양한 문제 상황으로 나타나 국민의 건강에 해를 가하고 있다.

2) 비대면 진료: 병원에 갈 필요 없이 전화나 영상통화로 진료하는 방식.

Q3 의료 인력 부족을 해결할 수 있는 방법은 무엇이라고 생각하시나요?

보건 선생님 한국 종합 병원에서 간호사 1명당 16.3명의 환자를 담당하고 있으며 일반 병원은 더 심각해 43.6명에 이른다고 합니다. 현재 국제 협력 개발 기구(OECD) 평균(6~8명)보다 최대 7배가 많습니다. 이처럼 간호사가 처한 열악한 근무 환경 개선과 지역 간의 불균형이 해소되어야 간호 인력 부족의 주요 원인으로 알려진 높은 간호사 이직률을 낮추어 의료 인력 부족을 해결할 수 있을 것으로 생각합니다.

박신비 의료 현장에서 의료 인력 부족은 실제로 환자가 사망하는 등 환자 안전을 저해할 수 있어 심각한 문제라고 생각한다. 이러한 문제를 해결하기 위해서는 의료 인력을 늘리는 노력도 중요하지만, 기술적인 면도 중요하다고 생각한다. 인공지능 기술을 활용해 의료 로봇, 인공지능 진단 보조, 디지털 치료기기, 3D 프린팅 등을 더욱 활발하게 발달시켜 의료진의 과도한 업무를 줄이고, 환자 진단의 질을 개선해야 한다고 생각한다.

> "보건실은 단순한 의료 공간이 아닌 학생들의 안식처이다.
> 보건실은 언제든지 여러분이 찾아와 휴식하고,
> 건강을 되찾기를 기다린다."

어서 와 도서관

EDITOR _ 이채은

Q1 지금 근무 환경이랑 만족도는 어떠신가요?

최근에 새로운 건물로 이사를 해서 공간이 엄청 넓어지고 깨끗해져서 근무 환경도 좋아졌습니다. 또 이사 온 뒤로 친구들이 도서관에도 많이 놀러 오고 해서 지금 아주 만족하고 있습니다.

Q2 사서 선생님을 하게 된 계기는 무엇인가요?

어…, 엄청 옛날얘기긴 한데 말해도 되나요? 중학교, 고등학교 때 책을 엄청 많이 읽었는데요. 그때 되게 좋아했던 작가님이 한 분 계셨는데 그분이 글을 계속 쓰셨고 그분 책을 계속 읽다 보니까 책이 일단 좋아졌고, 그런 책이 많은 공간이 또 좋아졌고 하다 보니…. 그런 책도 많고 좋아하는 공간도 있는 데서 일을 하고 싶다, 이런 생각이 들어서 이 사서라는 직업을 택하게 됐습니다, 네.

Q3 주로 어떤 업무를 하시나요?

저는 일단 우리 도서관을 위해서 책을 사는 일을 가장 중요한 일로 생각하고 있어서요. 우리가 여름방학 전에 한 번 책을 샀고 이제 9월달에 책을 살 예정이고… 11월에도 책을 살 예정이에요. 그래서 책을 살 때는 여러분의 신청도 받고 선생님들의 신청도 받아서 각종 출판 사이트나 아니면 교보문고, 예스24 이런 사이트에서 청소년 인기 도서나 신간 도서를 다 참고하죠. 청소년 추천 도서도 전부 다 참고해서 책을 삽니다. 그다음에 책을 버리는 일도 중요해서 버리는 일도 하고요. 또 도서관에서 행사도 많이 하고 있는데 잘 안 와요. 그래서 도서관에서 행사할 때 친구들이 많이 오면 좋지 않을까 이런 생각을 하고 있어요. 그래서 크게는 책을 사고 책을 버리고 그리고 행사를 하고… 이런 일을 하고 있습니다.

Q4 앞으로 관인고에서 더 하고 싶은 업무가 있으신가요?

이왕 새로운 곳에 왔으니까 앞으로 더 많은 학생들이 왔으면 싶어서 여러 가지 행사를 계획하고 있는데, 여러분 수능도 있고 해서 많이 올 수 있을지는 모르겠지만 그래도 매달마다 행사를 준비하고 있으니까 많은 관심을 주면 좋을 것 같습니다.

도서실 소개 - 도서관 입구

 리모델링 전 관인중고등학교의 도서실 입구는 다른 교실들과 똑같이 복도로 통하는 미닫이문 두 개만 가진 평범한 모습이었다. 리모델링 후 도서실 문은 투명한 자동문 하나로 바뀌었고 문 앞에는 넓은 공간이 생겼다. 입구 바깥에서 바라보는 시점을 기준으로 오른쪽에는 다른 나라의 문화를 전시&체험하는 공간이 있다. 이 글을 작성할 때를 기준으로 그곳에는 일본 문화에서 겨울을 따뜻하게 보내기 위해 쓰는 '코타츠'와 동아시아 문화에서 비를 피하기 위해서 쓰였던 '종이우산'이 전시되어 있다. 코타츠는 점심시간 동안 난로가 작동되어 선생님들과 학생들이 사용할 수 있다. 입구 바로 왼쪽엔 도서반납함이 있는데 이곳에 대출한 도서를 넣으면 나중에 책들이 수거된 후 반납 처리 된다. 더 오른쪽엔 잡지와 다른 책들이 전시되어 있는 책장과 다른 동아리에서 만들어서 벽에 붙인 신문, 테이블과 의자들이 있다.

도서실 소개 - 교육 공간

  도서실에는 학생들의 교육을 위한 공간이 마련되어 있다. 도서실에 들어오면 긴 테이블 여덟 개를 합쳐 만든 큰 테이블 네 개와 큰 모니터를 발견할 수 있다. 그렇기 때문에 모둠 활동 시간에 도서실로 이동해 수업을 하면 짝지어 앉기 편하고 자료 도서를 구하기 쉽다. 또한, 야간자율학습을 위한 공간이 아직 제대로 마련되지 않았을 때, 도서실은 야자실로 쓰였다. 내가 야자 때 느낀 경험상 야자실로서의 도서실은 나쁘지 않았다.

도서실 소개 - 데스크

  이곳에서는 사서 선생님이나 도서부원들이 도서 대출과 반납을 처리해 준다. 데스크 앞 이동식 책장에 읽었던 책을 놔 두면 사서 선생님과 도서부원들이 나중에 정리한다. 거의 항상 사서 선생님께서 업무를 보고 계신다.

도서실 소개 - 뒤쪽 공간

도서실 뒤쪽에는 도서 검색용 컴퓨터와 편하게 독서할 수 있는 계단형 의자, 조금의 책들, 창가 쪽 책상과 의자가 있다. 흐린 날은 괜찮지만, 평소에는 햇빛이 닿지 않는 한쪽 창가를 빼면 다른 창가는 눈이 부시다. 계단형 의자에는 앉거나 누울 수 있고 방석도 여러 개 있다. 의자 옆에는 작은 책장이 붙어 있는데 그곳에 있는 만화책은 학생들에게 인기가 많다. 우리 반은 현재 고3이지만 종종 우리 반 아이들 책상 위나 서랍에 만화책이 놓여 있는 걸 볼 수 있다.

도서실 소개 - 분야별 책장

관인고등학교의 각 분야별 책이 깔끔하게 정리되어 있는 책장이다. 깔끔하고 수납하기 좋은 내추럴 오크의 책장이 책에 손이 가도록 만든다.

OOTD

: OUTFIT OF THE DAY

EDITOR _ 신지후

교복 코디

관인고 생활복
언더아머 팬츠
나이키 양말
내셔널 지오그래픽 슬리퍼

생활복 + 검은색 바지 → 여름룩. 스포츠 브랜드

관인고 체육복
블랙 와이드팬츠
라코스테 스니커즈

관인고 체육복 + 검은색 바지 → 간절기룩.
일교차가 심한 간절기에는 겉옷(체육복) 입어 주기!
간절기는 옷 입기 참 애매한 계절

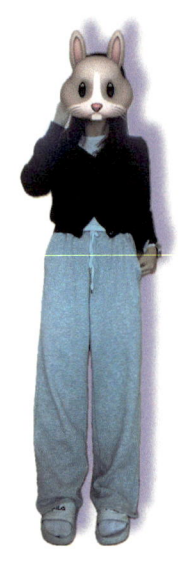

사복 데이

가디건 + 회색 바지 → 전형적인 꾸안꾸룩.
간절기 감기 예방을 위한 가디건과 투머치룩을 방지하기 위한
그레이 계열의 트레이닝 바지를 매치하여 꾸안꾸룩 완성!

프린팅 반팔 + 버뮤다 팬츠 → 여름룩
차콜 색상의 상의와 회색 버뮤다 팬츠를 매치하여 데일리룩 완성!
+ 나이키 백팩으로 모범생 이미지 추구

맨투맨 + 버뮤다 팬츠 → 간절기룩
프린팅 맨투맨과 버뮤다 카고 팬츠를 매치하여 힙한 느낌~
+ 지비츠로 꾸민 크록스로 귀여운 느낌 연출과 동시에
모래주머니로 스포츠맨 분위기 연출

바람막이 + 버뮤다 팬츠 → 간절기룩
간절기를 버티기 위한 바람막이와 버뮤다를 매치하여 스포티한 룩 연출!

대부분 여학생들의 경우 가디건과 청바지 코디를 선호한다.

핀턱이나 워싱같이 디테일한 포인트가 있는 청바지와 여리여리한 느낌을 주는 컬러 가디건을 매치하여 '꾸꾸꾸' 느낌을 추구하는 편.

가죽 재킷에 스커트를 매치하는 경우도 드물다.
블랙 가죽 재킷에 화이트 이너티와 블랙 H 스커트를 매치하는 '꾸꾸꾸' 코디.

미니 백팩으로 포인트

꾸안꾸를 추구하는 학생들은 청바지에 루즈핏 맨투맨이나 후드티를 매치하는 경우가 많다.

남학생들은 대부분 꾸안꾸 느낌을 보여 준다. 청바지에 슬리브를 매치하거나 후드티, 맨투맨을 매치하기도 한다. (후드티나 맨투맨에는 화이트로 레이어드)

스포츠 브랜드의 상의와 트레이닝 팬츠로 꾸안꾸 느낌을 주는 코디도 자주 보인다.

관인 급식도락

(식도락; 여러 가지 음식을 두루 맛보는 것을 즐거움으로 삼는 일)

관인고 급식에 대해서는 학교에 다니는 학생과 선생님들 모두 칭찬을 아끼지 않는 편입니다!
학생들 사이에서는 급식 먹는 재미에 학교를 오는 게 재미있고 설렌다는 말도 있을 만큼 말이죠. ㅎㅎ
그렇다면 관인고의 급식이 모두들의 사랑과 인기를 독차지하는 이유는 무엇일까요?

① 8/14 베트남쌀국수, 반미샌드위치, 베트남스프링롤, 망고사고, 깍두기
② 6/12 계란볶음밥, 마라탕, 멘보샤, 심쿵하트단무지, 리치젤리
③ 8/27 기장밥, 마라로제찜닭, 쑥갓두부무침, 블루베리생크림와플, 배추김치

EDITOR _ 최사랑

급식 사진들은 실제로 관인고등학교 홈페이지에 올라와 있는 급식 사진들입니다!
어떤 날에 무슨 메뉴가 나왔는지 바로 볼 수 있죠.
사진에 나온 메뉴들 모두 맛있어 보이죠?

실제로 학생들이 좋아하는 메뉴들로 구성된 급식 사진을 가져왔습니다.
MZ 세대들의 입맛을 저격하고 뱃속까지 든든하게 채워 주는 관인고의 급식,
어떤 특징들이 있는지 알아볼까요?

텀블러 데이

텀블러 데이란 급식을 먹으러 올 때 급식실에 텀블러를 가지고 오면 그날 나온 수제 음료를 담아 주는 날입니다! 가끔 학생들이 까먹고 텀블러를 가지고 오지 못했어도 종이컵에 담아 주십니다.

수제 음료를 마음껏 마시고 싶은 학생들은 꼭 텀블러를 가져옵니다. 그러면 영양사 선생님께서 맛있는 수제 음료를 담아 주시죠!

그래서 텀블러 데이는 맛있는 수제 음료를 먹을 수도 있는 날입니다.

더불어 선생님, 학생들 스스로가 텀블러를 잊지 않고 챙겨 와 종이컵을 쓰지 않고 먹으니 작은 실천으로도 지구를 지킬 수 있다는 성취감도 함께 느낄 수 있다는 장점이 있습니다.

① 23년 8/30(텀블러 데이) 스팸김치볶음밥, 유부무국, 고구마피자식빵, 미숫가루, 깍두기
② 24년 8/21(텀블러 데이) 자장밥, 탕수육/소스, 여름샐러드, 복숭아아이스티(망고), 깍두기, 단무지

생태 환경의 날

생태 환경의 날, 많이 생소한 이름이죠.

잠시 생태 환경의 날에 대해 소개를 해 보자면 급격히 변해 가는 기후 위기에 대응하여 탄소 배출량을 줄이는 채식 급식을 실시하는 날입니다. 채식이라고 하면 단순히 '채소'만 생각하는 경우가 대다수입니다. 하지만 학교에서 실시하는 채식은 조금은 다릅니다.

채식 종류 중 하나인 패스코 식단(가금류와 육류를 제외한 어패류, 유제품, 과일, 곡식 등을 섭취)으로 성장기 학생들에게 필요한 단백질은 충분히 제공하며 채식도 동시에 할 수 있는 식단이죠.

모든 학생들이 콩고기나 식물성으로 만든 디저트가 나와도 거부감 없이 잘 먹습니다. 오히려 일반 급식보다 더 좋아하는 경우도 있죠.

가장 최근 먹었던 생태 환경의 날 급식입니다. 분명 콩고기 장조림이라고 해서 식감과 맛이 이상하진 않을까 걱정도 했었습니다. 하지만 막상 먹어 보니 콩고기가 아닌 진짜 고기를 먹는 듯한 식감이었고, 전체적으로 정말 맛있는 메뉴였습니다.

① 24년 10월 23일 (생태 환경의 날) 콩고기장조림버터비빔밥, 김치콩나물국, 채식교자만두, 레몬라임주스(후레쉬업), 깍두기

급식실의 이모저모~!

관인고의 점심시간 때 급식실을 들여다본다면 재미있는 상황을 접할 수 있습니다.

그 상황은 바로 급식실 자리입니다.
오래, 여러 번 급식실을 살펴보면 서로 이야기는 하지 않았지만 암묵적으로 각자 어디에 앉을지 정해져 있는 것 같습니다.

모두의 협의가 없어도 자연스럽게 자리가 나눠진다는 게 신기하고 한편으로는 귀엽다는 생각도 듭니다.

2024년 기준 2학년에 재학 중인 남자 학생들이 급식을 매우 잘 먹어서 영양사 선생님 외 조리사 분들도 재밌어하시고 좋아하시죠.

학교 인원 특성상 급식 메뉴가 남는 경우가 많습니다. 그때 영양사 선생님께서 "얘들아, 더 먹을 사람 없니~?"라고 크게 물어봐 주시면 2학년 외에도 다른 남자 학생들이 모두 우르르 나가 급식을 더 받습니다. 더 맛있게 먹는 모습을 보면 보는 사람마저도 뿌듯하다는 생각이 듭니다.

이런 작은 요소들이 모여서 모두가 급식을 더 맛있게 먹을 수 있고, 모두에게 추억을 만들어 주는 것이 아닐까요?

이 매거진을 보시는 독자 여러분들은 급식이나 학교에 관한 특별한 기억이 있나요?
있다면 어떤 기억인가요?

맛집 이 선생

(요리불능 이선생의 끼니해결 프로젝트)

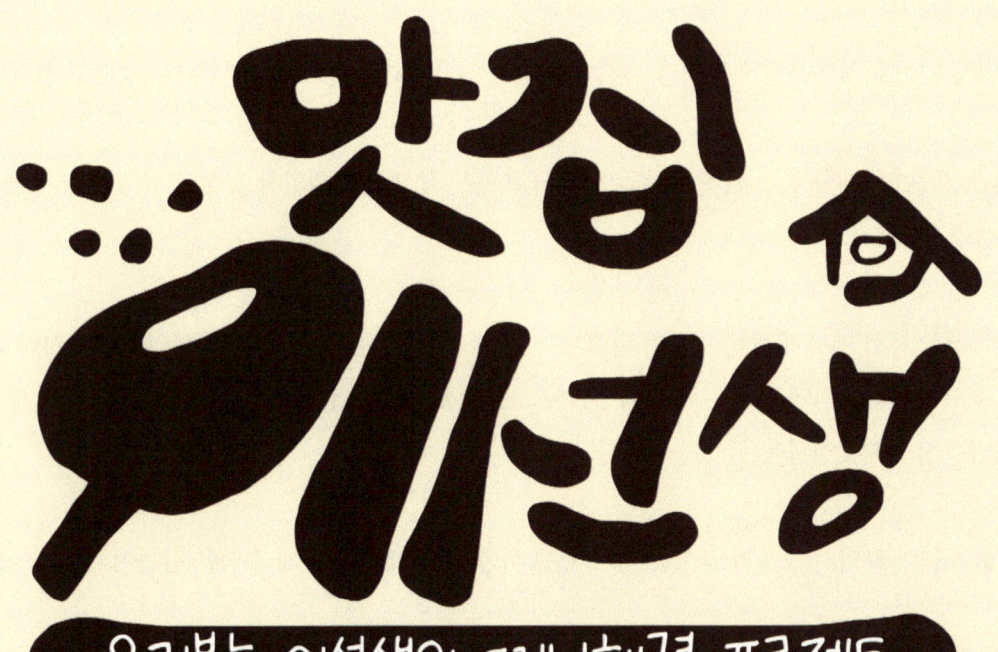

관인에 처음 발을 내딛었을 때 과거와 현재의 모습이 조화롭게 어우러진 마을이라고 생각했다. 기분 좋은 첫인상을 바탕으로 관인에 빠르게 적응할 수 있을 것이라 생각했지만 먼 타지 생활을 처음부터 완벽히 적응하기가 쉽지는 않았다. 적응하는 데에 가장 큰 어려움은 바로 끼니 해결이었다. 바쁜 학교생활에 귀차니즘이 더해져 매 끼니마다 요리를 해 먹는 것은 여간 어려운 일이 아니었다. 이런 이유들로 관인에서의 자취 생활은 어머니가 해 주시는 따뜻한 밥상을 그리게 했다. 하지만 걱정도 잠시… 관인 주변의 숨겨진 맛집은 나를 따뜻하게 위로해 주었고 어머니의 따뜻한 밥상마저 잊게 했다. 어머니 죄송합니다….
이번 장에서는 외지인인 나를 편견 없이 안아 준 관인 일대의 맛집을 소개하고자 한다. 맛집 소개에 도움을 준 관인고등학교 교직원 및 학생들에게 고마움을 전하며, 관인고등학교에 오게 된다면 시간을 내서라도 아래의 맛집들을 방문하기를 적극 추천한다.

EDITOR _ 이정진

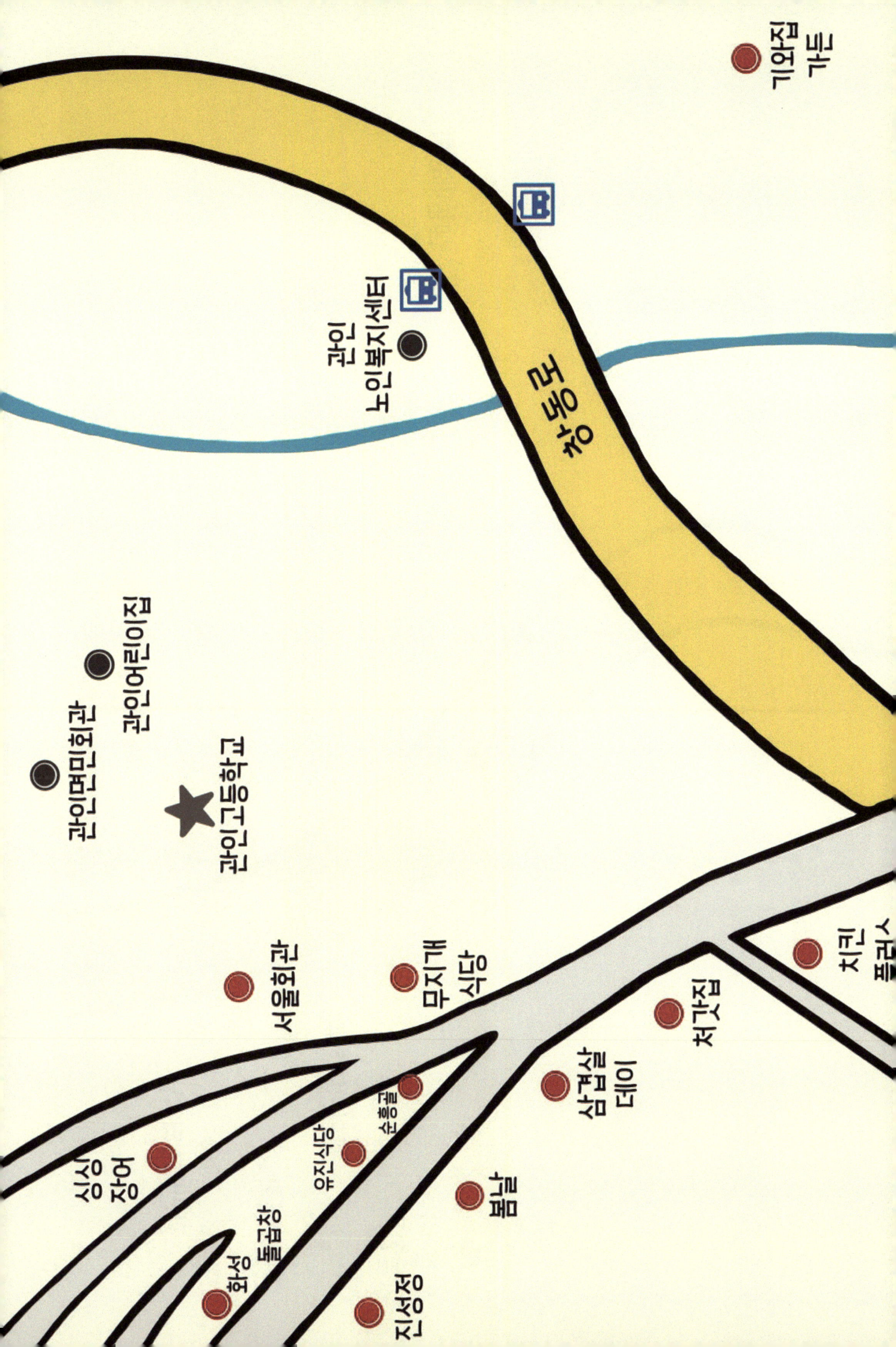

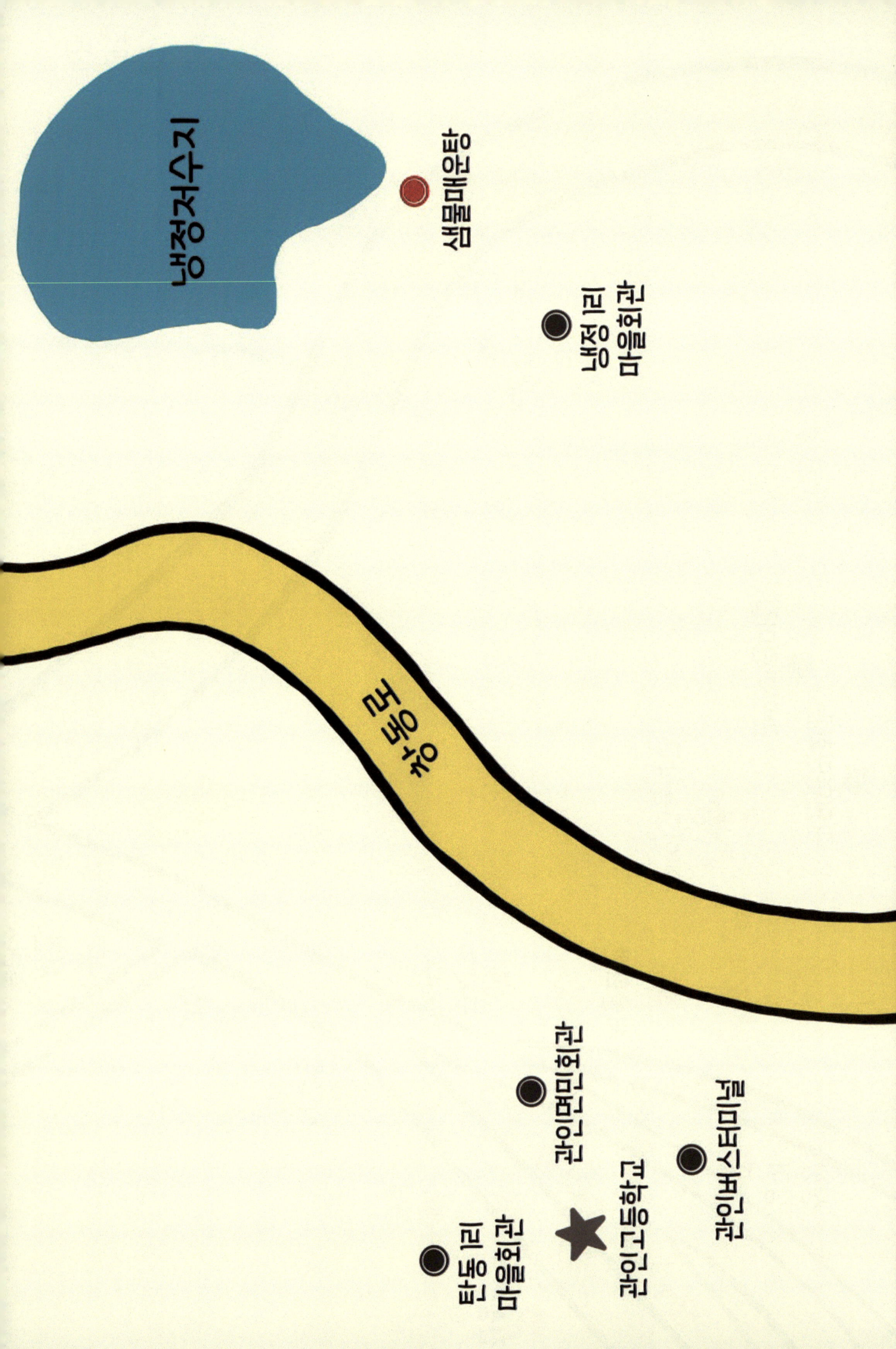

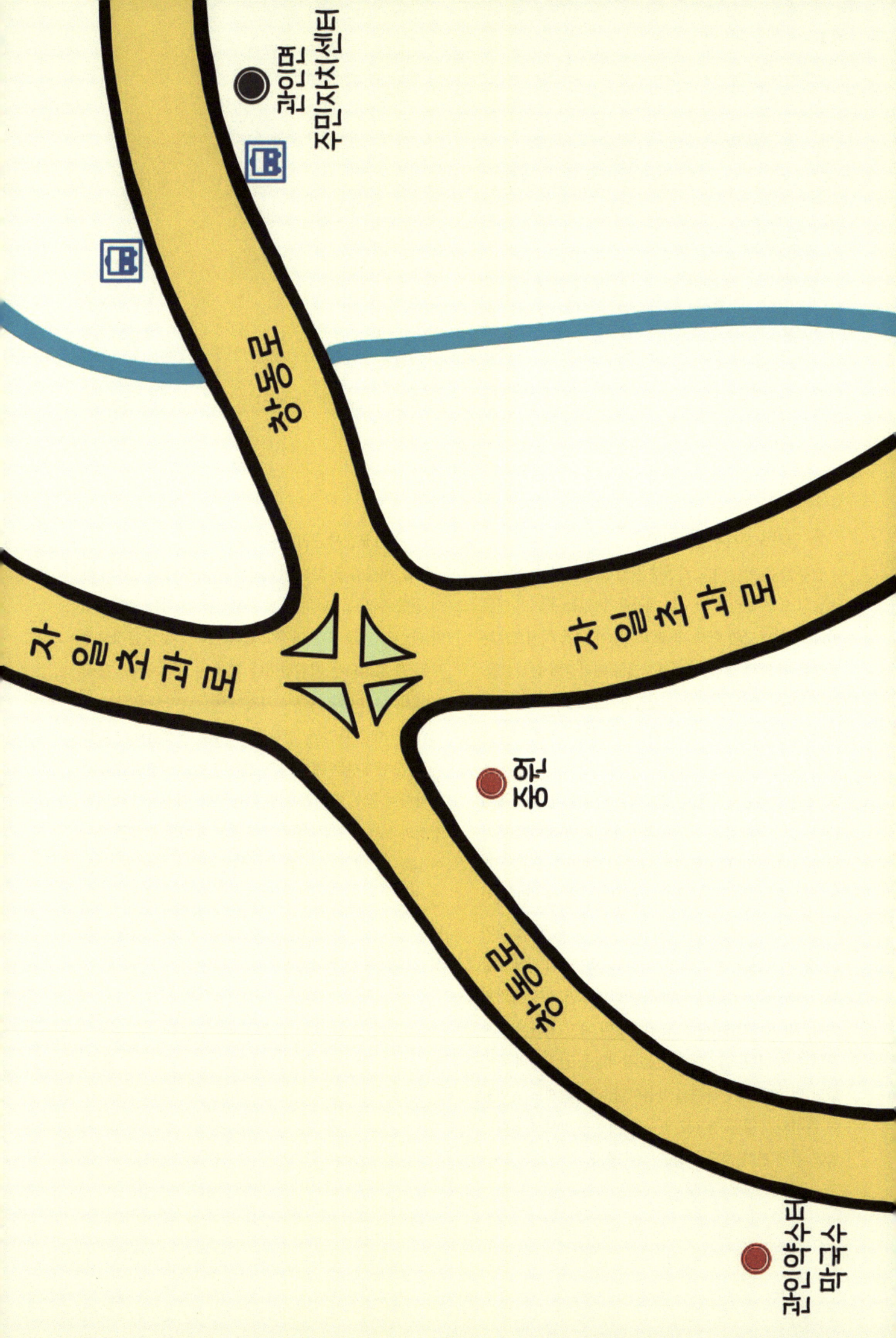

순흥골

🏠 경기 포천시 관인면 탄동길 1

'순흥골'은 한마디로 카멜레온 같은 식당이다. 상황과 손님의 요구에 맞게 식사를 제공할 수 있는 곳이기 때문이다. 관인중고의 학생 및 교직원들이 먹을 석식으로는 정갈한 백반 한 상을, 동네잔치에는 돼지갈비·삼겹살을, 학교 회식으로는 갈비탕을 제공하기도 한다. 이로 말미암아 사장님께서 엄청난 요리 내공을 지니고 계신 것을 알 수 있다.. 백반은 반찬이 다양하면서도 그 구성이 매일 바뀌어 손님들의 입에 권태라는 단어를 말끔히 녹여 준다. 요리에 대한 탄탄한 기본기가 없다면 절대로 불가능한 일일 것이다. 백반만 맛있게 하는 것이 아니다. '순흥골'에서 갈비탕을 먹어 본다면 사장님께 갈비탕 레시피를 배워 도시에서 팔고 싶다는 생각을 하게 될 것이다. 살이 푸짐하게 잘 붙어 있는 빅 사이즈의 갈빗대를 보면 눈이 즐거워지고 갈비를 뜯어 맛보면 입이 즐거워진다. 국물은 가벼우면서도 감칠맛이 나고 시원하니 자꾸만 손이 간다. 이렇게 맛있는 갈비탕을 관인면의 주민들만 먹는다는 게 아쉬울 따름이다. 안타깝게도 갈비탕이 준비되지 않은 경우도 있다. 갈비탕을 맛보고 싶다면 방문 전에 전화 예약을 하는 것이 좋다.

처갓집

🏠 경기 포천시 관인면 관인로 21

연일 '처갓집'을 찾는 관인고의 모 유부남 선생님이 하신 말씀이 있다. "나의 실제 처갓집을 간 지는 오래됐지만 관인의 '처갓집'은 어제도 갔다 왔다." 이 한 문장으로 모든 게 정의되는 치킨집이다. 혹자는 프랜차이즈 음식점이기에 맛이 다 거기서 거기가 아니냐며 반문할 수도 있다. 하지만 관인의 '처갓집'은 다른 처갓집과는 다르다. 사장님께서는 매번 자기 가족이 먹을 치킨이라고 생각하시며 정성껏 치킨을 튀겨 내신다. 사장님의 이러한 정성과 노력이 작은 차이 같지만 큰 차이의 결과를 만들어 내는 것 같다. 바삭한 후라이드치킨 반 마리와 달콤한 양념치킨 반 마리를 주문해 동료와 즐겁게 이야기하며 먹는다면 어느덧 잡생각을 뒤로하고 활력 넘치는 자신을 발견할 수 있을 것이다.

화성 돌곱창

🏠 경기 포천시 관인면 관인로 50-10

말 그대로 숨겨진 맛집이다. 식당이 골목 안쪽에 위치해 그냥 지나치면 모르고 넘어갈 수 있는 맛집이다. 관인에서 이렇게 맛있는 곱창구이와 곱창전골을 맛볼 수 있다는 생각을 전혀 하지 못한 나를 반성한다. 내가 부자였다면 '화성 돌곱창'의 곱창을 매일 먹으러 갔을 것이다. 사장님께서는 곱창을 정말 전문적으로 다루신다. 사장님께서 손수 구워 주시는데 곱창 및 다른 내장들을 익히는 시간과 먹을 타이밍을 기가 막히게 계산하신다. 쫄깃쫄깃하고 고소한 곱창구이를 한번 맛본 사람은 '화성 돌곱창'을 다시 찾지 않고는 못 배길 것이다. 하지만 곱창전골도 절대 빼먹어서는 안 된다! 곱창구이를 먹다 기름지다 느낄 때쯤 얼큰하고 시원한 곱창전골이 입에 들어간다면 또다시 입에 곱창구이를 넣을 수 있게 된다. 더불어 곱창전골 국물에 공깃밥이 만난다면? 밥도둑이 따로 없다! 경찰 불러야 한다! 곱창전골만 먹으려 식당을 찾는 사람들이 문전성시를 이룰 정도이다.

치킨 플러스

🏠 경기 포천시 관인면 관인로 17

'치킨 플러스'는 앞서 소개한 '처갓집'과 더불어 관인의 치킨 맛집이다. '치킨 플러스'의 강점은 뭐니 뭐니 해도 후라이드치킨의 바삭함이라고 생각한다. 바삭함의 정도가 타의 추종을 불허한다. 하지만 여기서 그치면 일반 치킨집과 다를 게 없다고 생각할 수도 있다. '치킨 플러스'에 특별함을 더해 주는 요소는 호로록 떡볶이라고 할 수 있다. 호로록 떡볶이는 자칫 느끼할 수 있는 치킨 씬에 긴장감을 불어넣는다. 치킨집에서 이렇게 맛있는 떡볶이를 판다는 게 굉장히 아이러니할 정도이다. 떡볶이 국물에 치킨을 찍어 먹는다면 무한 흡입이 가능해진다. 더불어 사이드 메뉴로 판매하는 피자는 도우가 얇고 토핑이 풍부하여 약방의 감초라는 표현이 가히 적절하다. 앗! 닭떡볶이를 생략할 뻔했다. 닭떡볶이는 닭볶음탕을 기반으로 한 떡볶이라고 할 수 있는데 설명하자면 입 아프다. 꼭 직접 먹어 보고 혀에 감동을 느껴 보기를 바란다. 닭떡볶이는 사전에 전화를 해 주문 가능 여부를 물어보는 것이 좋다.

무지개 식당

🏠 경기 포천시 관인면 탄동길 4

'무지개 식당'은 관인 식당의 한 줄기 무지개와 같은 존재이다. 대구머리탕, 동태찌개 등 매운탕을 전문으로 하는 식당이다. 나이가 어느 정도? 있으신 분들은 다 알 만한 농심 생생우동의 TV 광고의 카피 "국물이 끝내줘요!"가 저절로 생각나는 식당이다. 모든 찌개, 탕류의 국물이 기가 막히고 코가 막힌다. 한 입 맛보면 어떻게 이렇게 깔끔하고 얼큰하고 시원한 국물을 내는지 그 비결이 궁금해진다. 해물을 부담스러워하는 이들에게는 김치찌개를 강력 추천한다! 관인고의 전 교감 선생님께서는 무지개 식당의 김치찌개를 맛보고 '학생들이 꼭 맛봤으면 좋겠다'라고 하셨는데 나도 같은 생각이었다. 시원한 국물이 밥을 부르고 밥이 또 국물을 부르는 무한 굴레에 빠지게 된다. 시원한 국물이 당기는 날에는 꼭 방문하여 입안에도 무지개를 띄우기를 바란다.

365 삼겹살 데이

🏠 경기 포천시 관인면 관인로 25-1

누군가 나에게 "관인에서 편하게 고기 좀 뜯어 보려는데 어디가 좋을까?"라고 묻는다면 '365 삼겹살 데이'가 생각나지 않을 수 없다. 좋아하는 사람들과 편하게 고기를 먹기에 안성맞춤이다. 세월의 흔적이 있는 건물이기에 외관만 보고 맛을 의심하는 이들도 있을 것이다. 하지만 내부는 정말 깨끗하고 정감 있는 식당이다. 재밌는 건 사장님도 이 식당과 닮았다는 것이다. 겉으로는 차갑고 무심해 보이지만 손님을 배려하고 대접하는 모습을 본다면 조금이라도 사장님을 오해했던 이들 모두 반성문을 작성하고 싶어질 것이다. '그냥 동네 식당이니 고기의 질이 거기서 거기겠지?'라고 생각하는 이들의 혀에 기습적인 어퍼컷을 날려 준다. 삼겹살과 항정살의 고기 질이 높아 구워 먹으면 식감이 쫄부럽고(쫄깃하면서 부드럽다는 나만의 '맛' 용어) 맛 또한 고소하다. 된장찌개도 하나 시켜 동료들과 오순도순 얘기하며 고기를 먹다 보면 마치 가족들과 집에서 구워 먹는 것처럼 친근하고 따뜻한 분위기도 함께 맛볼 수 있다. '365 삼겹살 데이'는 혼밥을 하고 싶은 이들에게도 대안을 준다. 바로 제육볶음이다. 흔히들 제육볶음을 남자들의 소울 푸드라 일컫는다. 하지만 '365 삼겹살 데이'의 제육볶음은 관인의 남녀노소 불문하고 모두의 소울을 충족시킬 수 있다고 믿어 의심치 않는다.

봄날

🏠 경기 포천시 관인면 관인로 33-1

내 생에 봄날은 언제일까? 확실히 정의하기 어려운 문제이다. 하지만 확실히 정의할 수 있는 건… 관인에는 '봄날'이 있다! 바로 만두 전문 식당 '봄날'이다. 추운 겨울날 그냥 지나치기 어려운 식당이다. 직접 빚어 속이 꽉 찬 김치만두와 호박만두로 요리한 만둣국에서는 따뜻한 위로가 느껴진다. 뭐랄까… 믿음직스러운 동네 친한 형이 내 어깨에 손을 올려 주는 기분이랄까? 따뜻한 만둣국을 먹고 나오는 손님들의 표정에는 환한 봄날의 햇살이 만연하다. '봄날'은 관인고등학교의 학생들이 현장체험학습을 나갈 때 중식으로 제공하는 도시락을 주문하는 곳이기도 하다. 아이들이 먹을 도시락이라며 아이들이 선호하고 상하지 않게 오래 먹을 수 있는 반찬으로 신경 써서 구성해 주신다. 덕분에 아이들은 매번 도시락을 맛있게 먹으며 기분 좋게 현장체험학습을 마친다. 이러한 사장님의 세심함만 봐도 만둣국이 맛이 없을 수가 없다. 이뿐만 아니라 김밥, 칼국수, 잔치 국수 모두 정성을 다해 요리해 주시니 미각의 봄날을 맞이하고 싶은 이들은 꼭 한번 방문했으면 좋겠다.

싱싱장어

🏠 경기 포천시 관인면 탄동1길 12-1

장어라는 단어를 무심코 던져 주면 대부분의 사람들이 전라도 풍천장어를 가장 먼저 떠올릴 것이다. '싱싱장어'의 장어를 맛보기 전까지는 가능하다. 하지만 '싱싱장어'의 장어를 한번 맛본다면 다음부터 장어의 '장' 자만 보여도 '싱싱장어'의 장어가 떠오르는 맛있는 주술에 걸릴 것이다. 그 이유는 단연 장어구이의 맛에서 찾을 수 있다. 살이 꽉 차 있는 장어를 먹기 좋게 잘라 구워 주시는데, 소스에 찍어 생강과 함께 입에 넣으면 탱글탱글한 장어가 입안에서 헤엄을 친다. 장어구이뿐만이 아니다. '싱싱장어'에 발을 들였다면 코다리찜은 반드시 먹고 나와야 한다. 코다리찜을 먹지 않고 나오는 것은 우물 속에 앉아서 하늘을 보는 것과 같다. 나는 코다리찜의 핵심은 양념이라고 생각한다. 달콤하면서 매콤하면서 감칠맛 도는, 말로 설명하기 어려운 그 간질간질한 지점의 양념 말이다. 그 지점을 '싱싱장어'의 코다리찜 양념이 시원하게 긁어 준다. 탱글탱글한 코다리살과 양념의 조화로 정신 팔려 맛에 집중하다 보면 어느덧 빈 그릇을 발견하게 된다. 쓸쓸하게 남겨진 빈 그릇을 보면 뭔가 아쉽다는 생각이 들 수 있다. 그럴 때는 망설이지 말고 사장님께 볶음밥과 소면 사리를 주문해 보자. 양념 하나로 밥과 면이 그 자체로 맛있는 요리가 될 수 있음을 깨닫게 될 것이다.

진성정

🏠 경기 포천시 관인면 관인로39번길 2

　소설 〈운수 좋은 날〉의 '김첨지'는 마지막 장면에서 '아내'를 위해 설렁탕을 사서 집에 들어간다. 하지만 '아내'는 싸늘한 주검으로 누워 있었고 '김 첨지'가 사 온 설렁탕을 먹지 못한 채 비극적 결말을 맞이한다. 만약 '김첨지'가 '진성정'의 순댓국과 감자탕을 포장해 갔다면? 단언컨대 행복한 결말을 맞이했을 것이다. '아내'가 '진성정'의 순댓국과 감자탕의 냄새를 맡고 눈을 떠 '김첨지'와 사이좋게 나눠 먹는 장면이 그려진다. '진성정'의 순댓국은 기본에 충실하면서도 기본 이상의 맛을 낸다. 구수한 육수에 돼지 내장과 순대가 들어가는데 그냥 먹는 것도 좋지만 지원군으로 다대기, 썰은 고추, 파, 들깻가루, 새우젓을 투입시키는 것을 추천한다. 잡내는 사라지고 순댓국의 풍미가 극대화될 것이다. '진성정' 감자탕의 차별점을 꼽자면 '진하다'는 것이다. 간단하지만 '진하다'는 것이 '진성정' 감자탕을 설명할 수 있는 최적의 단어가 아닐까 싶다. 잡내 없이 푸짐한 살코기와 진한 육수가 만나 주당들에게는 술을 떠올리게 하고 허기진 이에게는 밥을 떠올리게 한다.

유진식당

🏠 경기 포천시 관인면 관인로 28

　어른이 되어 학생들을 바라보니 문득 학창 시절 친구들과 분식집에서 웃으며 시시콜콜한 이야기를 나눌 때가 참 행복했었다는 생각이 든다. 그 당시 먹었던 분식집의 떡볶이, 튀김, 쫄면, 김밥 등은 다 자란 어른들에게 단지 배를 채워 줄 음식이 아닌 퇴근 후의 공허함을 채워 줄 추억인 것 같다. 이처럼 '유진식당'의 음식은 관인 중고 학생들이 어른이 된 후 학창 시절을 추억할 수 있는 매개체가 되어 줄 것 같다. 그 이유는 '유진식당'이 요리류도 제공하지만 학생들이 '유진식당'의 떡볶이, 라면, 쫄면 같은 분식류의 음식을 굉장히 좋아하기 때문이다. 아이들이 웃으면서 식당을 나오는 모습을 보면 '오늘도 추억의 한 페이지를 채워 넣었겠구나' 하는 생각에 괜스레 흐뭇해진다. 하지만 아이들만 좋아하는 것은 아니다. 나도 '유진식당'에서 선생님들과 자주 식사하곤 한다. '유진식당'의 장점은 다양한 메뉴를 구비하고 있다는 것이다. 그래서 동료들과 메뉴 선택으로 언쟁할 필요가 없다. 분식집계의 화개장터라고나 할까? 있어야 할 건 있고 없을 건 없는 군더더기 없는 식당이라고 할 수 있다. 다양하지만 맛이 보장되어 있는 '유진식당'에서 어릴 적 추억뿐 아니라 앞으로 떠올릴 새로운 추억도 함께 먹어 보는 것은 어떨까?

기와집가든

🏠 경기 포천시 관인면 창동로1894번길 13

기와집은 예로부터 내구성이 높아 양반집으로 많이 지어졌다. '기와집가든'의 식당 이름을 보고 실제로 지붕을 기와로 인 식당이라 추측하는 사람들이 많은데 아쉽게도 식당이 실제 기와집은 아니다. 하지만 '기와집가든'에서 요리하는 능이백숙의 맛은 튼튼한 기와집처럼 내구성이 엄청나다. 닭백숙과 오리백숙을 모두 요리하시는데 고기가 굉장히 야들야들하다. '기와집가든'의 능이백숙은 국물에 대한 평가를 빠뜨릴 수 없다. 능이버섯과 각종 약재들의 향으로 깊고 깔끔하면서 구수한 국물이 쉴 새 없이 나의 숟가락을 뜨게 했다. 국물은 한약이 따로 없을 정도로, 먹고 나면 호랑이도 때려잡을 수 있을 것 같은 자신감이 생겨난다. '기와집가든'에서 식사를 한 손님들의 평을 보면 밑반찬에 대한 칭찬도 굉장히 많다. 나도 공감하는 바이다. 사장님이 직접 만드시는 나물 밑반찬에서는 어머니가 해 주시는 집 반찬같이 정겹고 맛있다. 능이백숙은 한 마리 4인 기준이며 예약 주문을 권장한다.

샘물 매운탕

🏠 경기 포천시 관인면 찬우물길 85

1997년부터 27년째 매운탕 하나로 영업 중인 식당이다. TV 프로그램인 〈허영만의 백반기행〉에도 소개되었을 정도로 포천에서는 이미 널리 알려진 맛집 중의 맛집이다. 메뉴판을 보면 크기(소/중/대)의 구분도 없이 간단하게 매운탕 단 하나이다. 더불어 맛집만이 할 수 있다는 '재료 소진 시 영업 종료'를 하신다. 이들만 보아도 매운탕에 대한 사장님의 자신감과 자부심을 느낄 수 있었다. 한 냄비에 메기, 잡고기, 참게가 풍족히 들어가 있는데 4인분은 족히 되어 보였다. (잡고기는 계절과 어획량에 따라 다르게 제공된다고 하셨다.) 매운탕은 고기가 충분히 익혀서 나오기 때문에 조금만 끓여서 먹어도 된다. 내가 가 본 민물매운탕 식당들은 고기의 비린내를 잡기 위해 양념을 강하게 만들어 자극적인 편이었고 그마저도 비린내가 느껴진 게 다반수였다. 하지만 '샘물 매운탕'의 매운탕은 담백하고 자극적이지 않은 깔끔한 육수를 사용하고 생고추를 갈아 넣어서인지 얼큰하지만 텁텁하지 않았다. 더군다나 비린내가 하나도 나지 않아서 먹는 데 부담이 없었다. 고기를 건져 먹다 보면 사장님이 수제비를 따로 가져와 부어 주신다. 수제비를 넣으면 국물 맛이 조금 변할 수 있기 때문에 본래의 국물 맛을 선호하는 이들에게는 국물과 고기를 앞접시에 건져 두는 것을 추천한다.

서울식당

🏠 경기 포천시 관인면 탄동길 8

'서울식당'은 무엇보다 나에게 의미가 큰 식당이다. 관인고등학교로의 발령 소식을 듣고 관인에 도착하여 처음으로 끼니를 해결한 곳이 '서울식당'이기 때문이다. 이삿짐을 차에 싣고 장거리를 운전해서 그런지 굉장히 허기지고 피곤했던 기억이 난다. 지친 몸을 이끌고 주린 배를 채우기 위해 부랴부랴 들어간 곳이 우연하게도 '서울식당'이었다. 백반을 주문해 먹었는데 어머니가 해 주신 집밥 같아서 정말 맛있게 먹었다. 음식도 음식이지만 사장님의 포근한 인상이 기억에 많이 남는다. 외지인인 나에게 사장님은 선뜻 먼저 다가와 어디서 왔냐고 친근하게 물어봐 주셨다. 내가 관인고등학교에서 근무하게 되었다고 답하자 환하게 웃으며 환영한다고 말씀해 주셨던 것이 아직도 머릿속에 선하다. 한마디로 나에게 '서울식당'은 식당이기 이전에 관인의 기분 좋은 첫인상이라고도 할 수 있을 것 같다. 이후에도 어머니가 해 주는 집밥이 먹고 싶을 때면 동료들과 '서울식당'을 찾았다. 백반은 물론 김치찌개, 부대찌개, 된장찌개, 닭볶음탕, 삼겹살 등등 다양한 집밥 메뉴들이 정서적 허기까지 채워 주었다. 어머니의 따뜻한 집밥이 그리운 이들이라면 '서울식당'을 찾아가라고 얘기해 주고 싶다.

중원

🏠 경기 포천시 관인면 창동로 1712

중국요리 전문점인 '중원'의 사장님은 사실 이미 TV 스타이다. 어렸을 적 국민은행 TV 광고에서 한 중식 요리사가 밝게 웃으며 수타면을 뽑는 장면을 봤던 기억이 머릿속에 인상 깊게 박혀 있었다. 그런데 그 TV 속 중식 요리사가 바로 '중원' 사장님이라는 사실을 알게 되고 정말 놀랐다…. 세상에 이런 일이… '중원'에 가 보니 TV 광고 안에서와 마찬가지로 사장님은 부지런히 수타면을 뽑고 계셨다. 남을 속이지 않고 꾸준히 자신의 일에 열중하는 모습에서 자신의 요리에 대한 자부심과 자신감을 찾아 볼 수 있었다. 모든 메뉴가 맛있지만 나는 짬뽕을 적극 추천하고 싶다. 짬뽕이 다 같은 짬뽕처럼 보여도 자극적이지 않으면서 얼큰하고 개운한 느낌을 내는 것이 굉장히 어려운 일이라고 생각한다. 하지만 중원은 그 어려운 일을 해낸다. 배부르지만 계속 입에 넣게 되는 쫄깃한 면발과 국물은 감탄을 자아낸다. 그리고 나는 '중원'에 갈 때마다 탕수육을 꼭 주문하는 편이다. 겉은 바삭하고 속은 쫄깃한 탕수육은 겉보기에 투박하지만 입으로 들어가는 순간 나에게 화려함을 선사한다. 배려심 많은 나도 '중원'에서만큼은 같이 간 동료보다 탕수육을 하나라도 더 먹으려고 젓가락질을 쉬지 않게 된다. 사천 탕수육도 있는데 매콤 달콤한 맛을 좋아하는 이들에게 추천한다.

관인 약수터 막국수

🏠 경기 포천시 관인면 창동로 1681

　나는 한겨울에도 막국수를 먹을 만큼 막국수 마니아이다. 막국수 맛집이란 맛집은 전부 가 보는 나에게는 막국수만큼은 〈흑백요리사〉의 안성재 셰프와 비슷하게 심사할 수 있다고 자부한다. 이런 나에게도 '약수터 막국수'의 막국수는 정말 맛있었다. 특히 명태식해 막국수는 일품이다. 적절히 반건조시킨 명태로 만든 명태식해에 '약수터 막국수'만의 양념이 더해져 메밀면과 비벼 먹는다라…. 부르스 타임에 명태식해와 메밀면이 손을 맞잡고 농염하게 춤을 추는 맛이다. 정말 피치 못할 사정이 아니라면 사이드 메뉴로서 메밀왕찐만두 혹은 녹두빈대떡을 무조건 주문하기를 권장한다. 메밀왕찐만두는 사장님이 메밀 만두피에 알찬 소를 넣어 직접 빚는데, 먹어 보면 메밀 특유의 고소함과 육즙 터지는 만두소의 조화가 '아마 이 둘이 어릴 적부터 동고동락한 절친이지 않을까?' 하는 생각을 하게 한다. 녹두빈대떡도 두말하면 입 아플 정도로 막국수와 환상의 시너지를 낸다. 막국수를 좋아한다면 꼭 한 번쯤은 방문하기를 추천한다. 물론 한 번으로 끝나지는 않겠지만….

　관인에서의 맛있는 기억을 하나하나 떠올려 작성하다 보니 생각보다 많은 맛집들이 식객들의 입맛을 충족시켜 주고 있다는 생각이 들었다. 혹자는 관인을 그저 작은 농촌 마을이라고 생각할지도 모른다. 하지만 관인을 방문하여 다양한 사람들과 다양한 음식들을 맛본다면 관인이 정말 따뜻하고 맛있는 마을이라고 생각하게 될 거라 확신한다.
　직접 가 본 식당으로 한정해 작성한 것으로 앞서 소개한 맛집 외에도 관인에는 더 많은 맛집이 존재한다. 소개되지 않은 식당이 맛집이 아니라는 것은 절대 아니기에 독자들의 오해가 없었으면 좋겠다. 아직도 경험하지 못한 관인의 맛이 무궁무진하다. 관인고등학교에 몸을 담고 있는 한 앞으로도 이 선생의 관인 맛집 탐방은 계속될 것이다. 쭈우우욱~

소리의 속삭임
"파동 속에 숨은 무한의 리듬, 침묵을 깨우는 울림."

청춘의 리듬,
관인고 학생들의
시선으로 듣다

EDITOR _ 김다빈

죽기 전 마지막으로 듣고 싶은 음악에 대해 생각해 본 적이 있는가?
마지막으로 딱 한 곡만 들을 수 있다면 어떤 곡을 들을 것인가? 나는 어떤 곡을 들을까?
다른 학생들이 자신의 삶의 마지막으로 듣고 싶은 무엇일까 인터뷰를 해 보았다.

관인고등학교 학생들이
 죽기 전 마지막으로 듣고 싶은 음악은?

Interviewee 김서율
잔나비 〈슬픔이여 안녕〉

이 곡의 마지막에 '안녕'이라는 가사가 있다. 모든 것에 대해 이 노래를 통해 인사를 전하고 삶을 마무리하고 싶다.

Interviewee 조수민
Troye Sivan 〈One Of Your Girls〉

트로이 시반은 내가 가장 좋아하는 가수이기도 하고 이 가수가 이 곡을 쓰게 된 계기가 특히 맘에 들었다. 이성애자들이 동성애자인 자신에게 호감을 표현하면서 자신이 느꼈던 감정을 이야기하는데, 자신을 향한 이성애자들의 호감과 필요할 때만 이용되는 존재로 느낀 자신의 경험을 상징적으로 잘 표현했다고 느꼈기 때문이다.

Interviewee 장수진
5 Seconds of Summer 〈High〉

이 노래의 가사가 나를 좋은 사람으로 기억해 줬음 좋겠다는 내용이라, 소중한 사람들에게 내가 마지막으로 하고 싶은 말과 딱 맞아서 이 노래를 듣고 싶다. 음악을 통해 남은 사람들에게 내가 마지막으로 하고 싶은 말을 전달하고 싶다. 때론 백 마디의 말보다 단 한 소절의 음악이 더욱 설득력 있고 전달력 있게 사람들에게 전해지며 감동을 줄 수 있다고 생각하기 때문이다.

아이유 〈Someday〉

힘든 상황에서 항상 나를 위로해 줬던 곡이라 소중한 사람에게 선물해 주고 싶다. 이 곡을 듣고 내가 그랬듯이, 나의 소중한 사람도 위안을 얻어 힘든 상황을 잘 이겨 냈으면 좋겠다.

Interviewee 박신비
The weekend 〈Die for you〉
방탄소년단 〈Love myself〉

내가 힘들 때 가장 위로가 되어 준 곡이다. 특히 "내 실수로 생긴 흉터까지 다 내 별자린데" 가사의 한 부분을 나와 비슷한 학생 친구들에게 잘하고 있다고, 걱정하지 말라고 선물해 주고 싶다.

내가 학생들에게 이 질문을 던진 이유는 죽기 전 마지막으로 듣고 싶은 음악엔, 자신이 살아온 인생에서 가장 애정했던 음악이 드러날 것이라 생각했기 때문이다.

죽기 전 마지막으로 음악을 들을 수 있다면, 그 음악은 얼마나 의미 있을까?

살아오면서 우리는 정말 많은 음악을 듣는다. 원치 않는 음악들, 음악 취향이 변해서 지금은 전혀 듣지 않는 음악들도 과거엔 무한 반복으로 듣곤 했을 것이다. 그렇게 수없이 많은 음악이 한 개인의 삶 속에 쌓이는데, 마지막으로 들을 수 있는 음악은 단 한 곡이다. 의미 있고 특별할 수밖에 없다.

음악 자문자답 인터뷰

Q1 음악을 전공으로 공부하고 싶다고 시작한 지 어언 2년 반 이상이 지난 현재, 음악에 대한 생각이 어떤지?

명확하게 '이렇다'라고 말하긴 어려운 것 같다. 여러 모순되는 생각들이 공존하며 수시로 바뀌기 때문이다. 그러나 분명한 건 처음 시작했을 때와는 달라진 마음이라는 것이다. 보다 더 긍정적인 쪽으로 바뀐 점은, 훨씬 진지하게 생각하게 되었다는 점이다. 시작할 때의 마음이 진지하지 못했다는 것은 아니나, 그 당시엔 미래에 대한 진지한 고민과 생각보단 하고 싶다는 욕심, 할 수 있을 거란 희망과 열정이 뜨거워서 차분히 생각하지 못하고 음악, 피아노, 등을 떠올리면 그저 감정적이게 되었었다.

시간이 흘러 현재에 이르기까지 나는 나에게 수없이 많은 질문을 던져 왔다. '이걸 내가 정말 좋아한다고 할 수 있나?', '실력은 부족해도 열정과 애정만큼은 누구에게도 뒤처지지 않으리라 자신했건만 지금도 과연 그렇다고 말할 수 있을까?', '특출난 재능이 있는 게 아닌데, 왜 남들을 부러워하기만 하고 어떻게 하면 그들처럼 칠 수 있는지에 대한 생각은 안 하는 거지?', '그동안의 안 좋은 습관들은 대체 언제까지 날 괴롭히는 거지?' 등등, 그런 생각들을 하다 보면 마냥 피아노를 좋아하기란 쉽지 않다. 그래서 그만두고 싶단 생각도 하곤 했다.

그런데 과연 그만둘 수 있을까? 생각해 보면 그건 또 아니다. 그만두고 영영 묻어 두고 다른 일을 하면서 살 수 있을까? 그럴 자신은 없다. 분명 다시 하고 싶어져서 일을 벌일 것이 뻔하기 때문이다. 끊임없이 내 재능과 미래를 의심하면서도, 영원히 이 실력이 그대로일까 봐 불안해하면서도 또 그만두기엔 너무나 아쉽고 도저히 그럴 자신이 없는 것이다. 왜 그만두지도 못하고, 잘하지도 못하는지 답답하다.

그래도 아직 설렘이 있다. 새 악보를 읽기 시작할 때의 설렘, 레슨 중 선생님이 하신 말을 바로 이해해 해냈을 때 받는 인정과 칭찬, 콩쿠르 무대 뒤편에서 무대에 올라가기 바로 직전의 떨림. 심장이 너무 뛰어서 긴장감과 불안감 속에 가려진 설렘을 느끼기 쉽진 않지만 분명 그 순간엔 설렌다. 무대마다 피아노는 다 다르기 때문에, 연주 장소는 다 다르기 때문에, 앉아서 연주를 시작하기 전까진 이 피아노는 어떤 정도의 건반 무게일지, 어떤 음색일지 터치감은 어떨지, 이 연주홀의 울림은 어떨지 아무것도 모르기 때문에, 그것들이 기대되고 설레는 것이다.

결론적으로 음악에 대한 내 생각은 모르겠다는 것이다. 너무 모순적이고 복잡하게 섞여 있어, 어떤 것이 진짜인지 종잡을 수 없다. 때론 관두고 싶기도 하고, 불안하고, 또 내가 연주하는 영상을 보고 있자면 발전이라곤 없는 것만 같은 스스로에게 분노가 치밀지만, 그럼에도 여전히 설렘이 있으며 가장 좋아하는 음악을 들을 땐 흥분되고 또다시 열정이 새로이 피어나기도 한다. 평생을 이렇게 살고 싶다.

Q2 클래식 음악은 진입장벽이 좀 있는 편이라 아무리 명곡이라고 해도 막상 듣기가 쉽지 않은데, 입문하기 쉬운 곡 하나를 추천한다면?

라흐마니노프의 피아노 협주곡 2번, 크리스티안 짐머만 연주.

라흐마니노프의 피아노 협주곡 중 가장 유명한 2번이다. 2번의 1악장 시작은 누구나 들어 봤을 듯하다.

이 곡은 라흐마니노프가 교향곡 실패로 인한 깊은 슬럼프를 극복하며 작곡한 곡이다. 그래서인지 곡 전체가 짙은 우울과 슬픔, 고난을 딛고 일어선 듯한 느낌이 들기도 하고 슬픈 느낌이 들기도 한다. 많은 이들의 사랑을 받고 그들을 위로할 수 있는 이유라고 생각한다.

대부분의, 아니 거의 모든 클래식 음악에서 1악장과 3악장, 혹은 마지막 악장은 빠른 템포의 화려한 음악인 경우가 많으며 2악장 및 중간 악장들은 다소 느리고, 빠른 템포의 첫 악장과 마지막 악장 사이를 연결 짓는 느낌의 음악이다. 화려하게 시작을 열어 음악을 전개하다가 중간 악장, 흔히 2악장에선 느린 템포와 서정적인 멜로디로 숨을 고르고, 다시 마지막, 곡 전체의 하이라이트를 향해 또 진행하며 장대한 곡 전체를 화려하게 마무리 짓는 형식인 것이다. 그러므로 곡의 2악장은 사실 대부분 지루하다. 클래식 음악을 전공하는 학생들도 2악장을 특별히 좋아하기란 쉽지 않다. 그러나 이 곡의 2악장은 정말 꼭 들어 봤음 한다. 유명한 1악장과 3악장 하이라이트에 가려졌지만 이 곡은 2악장을 꼭 들어 봐야 한다. 클래식 음악만이 줄 수 있는 감동을 온전히 느낄 수 있을 것이라 자신한다. 나 역시 레슨 끝나고 집으로 돌아가는 길에 이 곡을 한창 많이 듣던 때가 있었는데, 2악장을 들을 땐 정말 위로받는 기분이 들었다.

짐머만이라는 피아니스트는 이성적이고 냉철하다는 평이 많은 연주자다. 정말로 그의 연주는 정확하고 냉철하며 이성적이다. 다른 연주자들과 비교해서 들어 보면 확연히 알 수 있을 것이다. 이 곡은 짐머만의 연주가 가장 유명하다. 냉철해서 곡의 음악이 사라지는 것이 아니라 오히려 절제된 듯한 연주가 사람들에게 더 큰 감동을 선사한다.

꼭 들어 봤음 한다!!!

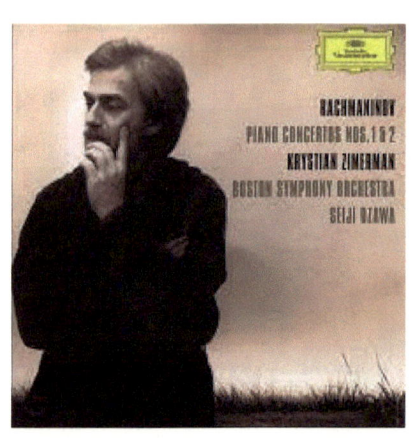

너의 목소리가 들려

"끝까지 해 보자"

"Let's do it until the end"

- 관인고등학교 교장 황만식 -

"힘들고 어려운 일은 능력 있는 자의 몫이다."

"It is up to the capable to do the hard work."

"신독: 혼자 있을 때도 감히 하늘을 거스르는 일은 하지 않는다."

"Integrity: doing the right thing, even when no one is watching."

"매일 한 시간씩 일찍 출근하자."

"Let's go to work an hour early every day."

- 관인고등학교 교감 최석규 -

EDITOR _ 정수아

여러분은 자신만의 인생 모토를 가지고 있으신가요? 모토(Motto)란 '살아 나가거나 일을 하는 데 있어서 표어나 신조 따위를 삼는 말'이라고 합니다. 자신의 인생을 살아가면서 자신만의 모토를 가지고 있는 것은 인생을 살아가는 데에 큰 도움이 됩니다. 힘든 일이 생겼을 때 힘을 얻을 수도 있고, 자신의 삶의 방향성을 정할 때 등등 많은 부분에서 힘이 되거나 도움이 될 수도 있습니다. 엄청나게 위대한 말이 아니더라도 자신의 인생에 도움이 된다면 어떤 말이든 좋습니다. 그렇다면 관인고의 대표 황만식 교장 선생님과 최석규 교감 선생님의 인생 모토는 무엇일까요?

Q1 당신의 인생 모토는 무엇인가요?

교장 선생님) 저는 **"끝까지 해 보자"**라는 모토를 가지고 살아가고 있습니다.

교감 선생님) 제 인생 모토는 교사 생활을 하기 전 군 생활할 때의 모토는 **"힘들고 어려운 일은 능력 있는 자의 몫이다"**라는 생각을 가지고 군 생활을 했었고 교사 생활할 때에는 **"신독: 혼자 있을 때도 감히 하늘을 거스르는 일은 하지 않는다"**라는 모토를 가졌었습니다. 매년 담임을 할 때마다 반의 급훈으로 할 정도로 아이들에게 강조했었습니다. 마지막으로 한 가지의 직업인으로서는 **"매일 한 시간씩 일찍 출근하자"**라는 모토를 가지고 살고 있습니다.

Q2 그 모토를 인생 좌우명으로 삼게 된 계기가 있나요?

교장 선생님) 과거에 교사가 되기 전 동네에서 운동을 했을 때에는 꽤 잘하는 편이었는데 본격적으로 운동을 시작하고 다른 선수들과 비교했을 때는 성적이 좋지 않아서 좌절했던 기억이 있었어요. 하지만, 포기하지 않고 끝까지 도전했고 결국 소년체전에서 동메달을 얻는 큰 성과를 얻게 되었어요. 이 소중한 경험 덕분에 끝까지 해 보면 안 되는 것이 없다고 생각하는 계기가 된 거 같아요. 또, 88년 양평에서 첫 발령 받은 학교의 "하면 된다"라는 모토가 인상 깊었고 이 모토로부터 영향을 받아 현재 모토를 가지게 되었습니다.

교감 선생님) 직업군인을 하던 시절 좋아했던 훈육관이 "나서서 해라"라는 말을 강조했었어요. 좋아하는 훈육관이다 보니 자연스레 좋은 말인 것 같아서 따르게 되었고 이를 행동으로 직접 옮기다 보니 많은 것을 느꼈고 이 모토를 인생 좌우명으로 삼게 되었어요. 또, '신독'이라는 모토는 책을 읽다가 우연히 발견했는데 인상 깊어서 모토로 삼게 되었고 "한 시간씩 일찍 출근하자"라는 모토는 교사 생활을 하면서 가장 먼저 출근해 교무실 불을 켜며 하루를 시작하는 것이 뿌듯했고 일찍 오늘 있을 하루를 정리하는 기분이어서 좋았습니다.

Q3 그 모토가 자신의 삶에 어떤 영향을 미쳤나요?

교장 선생님) 담임을 18년 동안 하면서 이 모토로 안 될 게 없다고 생각하며 아이들에게 계속 이 모토를 전달했습니다. 또, 교직 생활에서의 자리가 달라질 때 가장 많은 영향을 받았습니다.

교감 선생님) 군 생활 시절에 이 모토는 제가 유능한 지휘관이 되는 데에 많은 영향을 미쳤고 학급 급훈을 신독으로 했을 땐 저와 아이들을 누구보다 성실하고 정직하게 살도록 도와주었으며 마지막 직업인으로서의 모토는 저를 부지런히 살 수 있도록 해 주었습니다.

Q4 그 모토를 가지며 이룬 가장 큰 성취는 무엇인가요?

교장 선생님) 교사에서부터 시작해 지금 현재 교장 선생님이 된 것까지가 이 모토를 가지며 이룬 가장 큰 성취라고 생각합니다.

교감 선생님) 교사 생활을 하던 시절 '신독'을 학급 급훈으로 하여 많은 학생들에게 '신독'을 가르쳤고 '신독' 정신을 가진 아이들을 많이 배출한 것이 가장 큰 성취입니다.

관인고등학교의 대표 교장, 교감 선생님의 인생 모토에 대해 알아보았습니다. 이처럼 자신의 인생 모토를 가지고 꾸준히 실천해 나간다면 어떤 일이든 해낼 수 있다고 생각합니다. 만약 없다면 오늘부터 만들어 실천해 보는 것은 어떨까요?

교장 선생님 / 교감 선생님

이번에는 관인고등학교 학생들과 선생님들의 이야기를 들어 보았습니다. 이 인터뷰를 통해 관인고등학교의 순수함과 따뜻함을 생생하게 담았으며 학생들과 선생님들에게 관인고등학교는 어떤 학교인지, 관인고등학교로부터 어떤 영향을 받았는지, 관인고등학교에서 어떤 추억이 있는지를 인터뷰해 보았습니다.

Q1 관인고를 한 단어로 정의한다면 무엇일까요? 그 이유는요?

이지영) 관인고는 청정 구역이다. 요즘 학생들의 학교폭력 등이 많아지고 있는데 우리 학교 학생들은 착하고 예의 바른 편인 것 같아서….

황선영) 관인고는 시골이다. 진짜로 시골이에요. ㅠ 정말 아무것도 없는… 깡시골.

이은빈) 관인고는 친밀감이다. 모든 학생들이 항상 밝고 학급 분위기가 엄청 좋기 때문이다.

이성희) 관인고는 행복이다. 관인고에 가면 항상 행복하기 때문이다.

심제만) 관인고는 놀이터이다. 학교가 너무 재밌고 선생님 친구들도 다 착해서.

장수진) 관인고는 가족이다. 학년 상관없이 관계가 원만하다고 생각하기 때문이다.

조축복) 관인고는 가족이다. 학교 구성원 모두 두루두루 사이좋게 지내고 항상 밝은 분위기라서.

이다은) 관인고는 자연이다. 주변이 산과 논이 있어서 자연 친화적이고 학교를 등교할 때 계절마다 다른 향을 맡을 수 있기 때문이다.

Q2 관인고에서 가장 기억에 남는 자신만의 추억은 어떤 게 있나요?

이지영) 친구들과 야자 끝나고 논밭 뷰를 보며 산책했던 게 가장 기억에 남습니다.

황선영) 저는 올해 체육대회가 정말 기억에 남네요.

이은빈) 학생자치회 아침맞이 행사.

이성희) 겨울에 친구들과 밖에 나가서 눈사람 만든 거.

심제만) 체육대회 1등.

장수진) 학년별 단합 중 영화 본 것이 가장 기억에 남는 추억인 것 같다.

조축복) 학기마다 반별로 단합을 하며 맛있는 것도 먹고 친구들, 선생님들과 재미있게 놀았던 것.

이다은) 수학여행으로 2박 3일 제주도를 공짜로 가서 친한 친구들과 같은 방을 썼을 때!

Q3 관인고 학생들은 어떤가요?

성연재T) 각 학년별로 특징이 있기 때문에 분위기는 매년 조금씩 다른 느낌이 있지만, 매년 공통적으로 우리 학생들에게 느끼는 점은 '순수'하고 '해맑음'입니다.

백덕규T) 첫 이미지는 착하고 순수하고 순박했습니다. 그래서인지 어른이 되었을 때 어떻게 지내게 될지 걱정이 됩니다.

진선미T) 인사를 잘하고 잘 웃습니다. 일반적인 고등학생에 비해 장난도 많고, 어떻게 보면 중학생이나 초등학생 같아 보일 때도 있습니다. 적극적으로 노는 것에 집중하는 친구들을 보면, '학업에 대한 걱정이 없는 걸까?' 생각이 들면서도 작은 것 하나에 열정을 다하는 친구들이 있습니다. 자기와의 싸움을 하는 친구들을 응원하고 기특합니다.

Q4 관인고 하면 생각나는 단어는 무엇인가요?

임정화T) 관인고 하면 '아기자기'라는 단어가 생각납니다. 학교의 규모나 학생 수가 타교에 비해 작지만 정감이 가득한 학교입니다. 우리 학교만의 특색 있는 행사와 즐거운 이벤트들 때문에 '관인고'를 떠올리면 아기자기한 추억들이 많이 떠오릅니다.

Q5 관인고에서 교사 생활을 하면서 가장 좋았던 추억은 어떤 것인가요?

성연재T) 크게 3가지 부분에서 좋은 추억이 있습니다. 첫째, 생활지도 부분에서 학생들에게 잔소리를 하지만 우리 학생들이 잘 이해하고 수용해서 성장하는 모습을 보여 주는 것입니다. 둘째, 이렇게 성장한 학생들이 졸업해서 찾아와 술 한 잔 기울이며 그때 그 얘기를 나누며 웃고 떠드는 것입니다. 셋째, 일상 속에서 학생들과 소소하게 드립치며 장난치는 순간순간이 저에게 좋은 추억으로 남았습니다.

김유진T) 매일매일이 즐거운 추억이란 생각으로 살고 있어서 그런가 모든 시간들이 좋았던 추억이에요. 진심으로 우리 학생들이랑 같이 웃으면서 수업하는 게 전 정말 즐겁거든요. 그 외에도 그냥 실없이 수다 떠는 것도 너무 즐거워요. 아, 작년에 밴드 공연 했을 때 크게 호응해 주는 우리 학생들을 보았을 때도 기억에 남아요. 그때 긴장도 많이 했었는데 호응을 잘해 주는 친구들을 보니 너무 고맙고 즐거웠던 것 같아요! 지금도 좋은 추억들을 많이 만들어 가고 있어요! 그냥 선생님~ 하고 찾아오는 친구들만 봐도 그날 하루가 기쁘고 즐거워요! 더 친하게 지내요, 우리! 쓸데없는 수다 환영입니다!!

백덕규T) 좋은 추억은 많지만 가장 기억에 남는 건 학생들과 축제에서 노래하고 춤추는 것이 가장 기억에 남습니다. 그리고 아이들이 졸업하고 다시 학교에 찾아와 주는 것도 기억에 남습니다.

진선미T) 고등학교만 보면 졸업한 친구들과 1학년 담임으로 만나고, 2학년 제주도 수학여행을 떠나고, 3학년에 대입을 거쳐 마무리한 것이 떠오릅니다. 1학년 때 담임선생님 역할을 했기에 정이 많이 갔고, 선생님이 어떤 것을 요구하는지 빨리 알고 행동하는 모습에서 학생과 서로 통하는 부분이 많았던 학생이었기에 기억에 많이 남지 않았나 생각합니다. 그리고 새로운 건물로 들어가게 되어 보다 좋은 환경에서 근무하게 되어 좋습니다. 교과융합실을 새롭게 받아 공간을 꾸미는 일도 좋고, 또 그 공간 안에서 열심히 하는 공부할 친구들을 상상하면서 수업과는 다른 보람이 느껴집니다. 학생들이 좋아하고 자주 가고 싶다는 생각이 드는 공간이 되기를 바라 봅니다.

Q6 관인고에 처음 발령받았을 때 어떤 기분이었나요?

성연재T) 원래 살던 곳이 시골이라서 시골 학교에 큰 감흥은 없었습니다! 다만 그때가 코로나가 시작된 시기라서 학생들을 많이 못 봐서 아쉬웠습니다!

김유진T) 정말정말 솔직히 얘기하면 집과 너무 먼 곳에 발령을 받아 정말 슬펐어요. 결혼한 지 얼마 안 된 신혼부부인데 주말부부라니! 같이 있으려고 결혼했는데 생이별이라니! 그 생각이 제일 컸어요. ㅋㅋ 그런데 새 학기가 시작하고 관인고 친구들과 친해지면서 즐겁고 기쁜 날이 더 많이 생긴 것 같아요! 너무 예쁜 친구들이 많고 다들 착하고 살갑게 대해 주니까 지금은 여러분들이랑 이렇게 지내는 게 정말 즐거워요.

백덕규T) 여긴 북한인가…. 거리가 너무 멀어서 깜짝 놀랐고 우울했지만 지금 현재는 제2의 고향과도 같은 기분이 듭니다.

진선미T) 이전 학교가 관인중학교라 가까웠기에 고등학교에 발령받았을 때에도 별다를 것이 없었습니다. 관인중학교 졸업생들이 많아서 대부분 아는 학생이었고 학생의 특성, 학업 능력과 태도 등도 파악했습니다. 중학교에서 고등학교로 간 만큼 수학 수업을 할 때 수능이나 모의고사 준비를 도와야겠다고 생각해서 이동하는 겨울방학에 관련된 수학 내용을 공부했던 경험이 있습니다. 중고를 통틀어 처음 발령받았을 때를 생각해 보면 학교가 작고 아기자기하다는 생각이 들어 마음에 들었습니다. 저는 대도시에서 살았고, 고등학생 때 갈 수 있는 학교는 모두 큰 학교만 있어 인원수가 많은 복잡함과 다양함이 익숙했습니다. 교사로 부임하는 첫 장소가 관인이어서 의미 있었고 좋았습니다. 비록 집에서 먼 지역이지만 함께 부임했던 선생님들과 외로움과 즐거움을 나눴던 터라 재미있었습니다.

Q7 관인고에서의 첫 수업은 어땠나요?

성연재T) 온라인 수업 노잼… 오프라인 수업 존잼!

임단비T) 큰 학교에서 일하다가 왔는데 학생 수가 너무 적어서 오히려 더 부담스러웠습니다.

백덕규T) 전 학교가 울산이라 사투리가 많이 남아 있어서 아이들이 많이 따라 했던 게 기억에 남습니다. 또 아이들이 음악 선생님에 대한 기대가 컸던 거 같고 너무너무 행복하게 첫 음악 수업을 했던 기억이 있습니다.

진선미T) 고등학교에서 첫 수업을 했을 때 코로나가 유행했기에 EBS 온라인클래스로 진행했습니다. 활자로 수업을 진행하고, EBS 강사분이 전반적인 내용을 진행해 제가 생각하는 수업 의도가 전달되었는지, 학생이 개념을 이해했는지 확실치 않아서 아쉬웠습니다. 그리고 학생의 얼굴을 보면서 하는 수업과 그렇지 않은 수업에 차이가 크다고 생각했습니다. 처음 신규로 학교에 와서 3월 2일 첫 수업을 하러 교실로 나가는 길에 교무실에 계신 선생님들이 첫 수업을 한다고 다 같이 박수를 쳐 주셨습니다. 그때 교무실에서는 저를 비롯해 다른 신규 선생님들도 많았는데, 아무래도 처음은 긴장되고, 준비한 내용이 잘 전달되면 좋겠다고 선배 선생님들이 생각했기 때문이겠죠. 지금은 첫 수업을 했을 때만큼 긴장되지는 않지만 수업을 하는 동안 개념에 대해 다시 한번 공부하게 되고, 문제나 아이디어도 다시 점검할 수 있어서 좋습니다. 정돈된 말로 생각한 것을 표현하는 것은 언제나 연습이 필요한 것 같아요.

Q8 관인고에서 어떤 에너지를 얻나요?

임단비T) 아이들의 순수함과 따뜻함이 관인의 에너지라고 말할 수 있을 것 같아요.

Q9 관인고의 첫인상과 지금 현재의 인상은 어떻게 달라졌나요?

임단비T) 첫인상은 경기도라서 발달되어 있고 도시일 줄 알았는데 버스에서 내리는 순간 나는 시골 냄새에 놀랐습니다. 처음 보는 학교의 논밭 뷰에 다시 임용시험을 볼까 고민할 정도로 망설여졌던 학교였습니다. 하지만 현재는 '관며들다'라는 말처럼 우리 학교의 논밭 뷰가 지금은 푸르른 바다처럼 느껴지고 관인의 냄새가 향기로 느껴질 정도로 따뜻한 이미지가 강합니다.

임정화T) 관인고의 첫인상은 '여기 학생들은 정말 인사성이 바르다'였습니다. 지금도 그 인상은 달라지지 않았습니다. 처음 왔을 때와 마찬가지로 지나가다가 선생님을 만나면 꼭 인사를 하고 반갑게 맞이해 주는 학생들 덕분에 가끔 학교 일이 힘들어도 힘이 납니다. 앞으로도 관인고만의 이러한 분위기와 문화가 유지되면 좋겠습니다.

Q10 관인고에서 학생들을 가르치며 깨달은 점이나 성찰한 점은 어떤 것이 있나요?

김유진T) 요새 수업하면서 많이 느끼는데, 제가 수업 때 말을 너무 헷갈리게 하더라구요…. 분명 머릿속으로는 이렇게 말해야지~ 하고 생각하며 말하는데 말이 꼬여요. ㅋㅋ 그리고 말도 좀 빠르다고 느끼구요. 하지만 우리 친구들이 정말 착해서 그럴 때마다 찰떡같이 알아들어 주긴 하는데 늘 미안한 마음이에요…. 늘 느껴요! 우리 친구들이 정말정말 착하다는 것! 늘 선생님 배려해 주고 예의 있게 대해 주는 친구들을 보면서 저도 더 잘해 주고 같이 배려하고 예의 있게 행동해야지~ 생각하며 살고 있어요. 그리고 제 나름 다양한 활동을 포함한 수업을 하려고 노력하고 있는데 학생들의 반응이 좋을 때마다 힘이 나서 더 잘 준비하려고 노력하게 돼요! 제가 은근히 그런 피드백을 듣는 것을 좋아하는구나~ 하고 깨닫기도 했어요. ㅎㅎ

Q11 관인고에서의 경험을 통해 앞으로 어떤 교사가 되고 싶나요?

임정화T) 관인고에 있는 동안 학생들과 더 유대감을 쌓을 수 있었고, 무엇보다도 사제 간의 깊은 정을 느낄 수 있었습니다. 그래서 저는 이 경험을 통해 학생들이 가진 잠재력과 긍정적인 측면을 끌어 줄 수 있는 교사가 되고 싶다는 생각이 들었습니다. 아이들이 각자 지닌 강점을 관찰하여 알려 주고, 자신을 사랑하는 마음을 가질 수 있도록 지원해 주고 싶습니다.

학생, 교사 인터뷰에서 알 수 있듯이 관인고등학교는 정말 따뜻하고 많은 정을 느낄 수 있는 학교인 것 같습니다. 시골 동네에 유일한 학교이고 학생 수도 적은 학교라 누군가에게는 외로워 보이고 동떨어져 보일 수 있는 학교이지만 선생님 한 분 한 분과 학생들은 정을 나누며 쌓아 가는 추억들을 보면 감히 작게만 볼 수는 없는 학교라는 생각이 듭니다. 다들 처음에는 '거리가 먼 시골 학교'라는 생각으로 좋지만은 않았을 첫인상이지만, 다니면 다닐수록 그런 생각은 사라지고 다른 학교와는 비교할 수 없는, 관인고등학교만이 가질 수 있는 추억으로 가득해 먼 미래에도 잊을 수 없는 학교일 것 같습니다.

에세이

未定(미정)

제목의 의미: 아직 정해지지 않은 미래를 대비하기 위해 과거를 회상하기도 하고 과거를 통해 현재를 비추어 보기도 하며, 과거와 현재를 머릿속으로 수십 번씩 오가며 미래를 대비하고 준비한다. 제목 그 자체로 미래는 '미정'이기 때문이다. 살아 내 보기도 한다.

김다빈

상상 이상 상상 (2024. 8. 30. 금)

 오늘도 피곤한 몸을 이끌고 학교에 도착한다. 이어폰을 두고 와서 절망적인 버스에서의 15분이었다. 2층 음악실로 들어선다. 아무도 없는 오전 8시 40분경의 음악실은 조용한 햇빛이 선생님의 책상과 피아노 옆에 놓인 기타에 드리운다. 아무도 없는 음악실의 정적이 꽤 맘에 든다. 만족해하며 멍때릴 시간도 없이 가방을 내려놓고 악보를 꺼내 연습을 시작한다. 쇼팽 에튀드 10-4, 추격이라고도 불리는 곡이다. 전날 해결하지 못한 부분을 먼저 연습하기 시작한다. 여전히 좀처럼 되지 않아 아침부터 화를 내며 연습을 마치고 교실로 향한다. 조회가 끝나고 1교시 수업을 준비한다. 1교시가 끝나곤 도서관에 빌렸던 책들을 반납한다. 다 읽지 않았지만 집에 새로 산 책들이 많이 쌓여 집에 있는 책들 먼저 읽기로 한 것이다. 도서관에 오면 항상 다른 책을 괜히 읽고 싶고 다른 책들이 더 재밌어 보여 괜히 두리번거린다. 그렇게 4교시까지의 수업이 끝나고 점심을 먹는다. 오늘은 가자미튀김이 맛있었다. 오늘 급식이 맛이 없다고 다른 애들은 불만을 토로하지만 개인적으로 그럭저럭 맛있게 먹었다. 점심시간. 가장 시끄럽고 북적이는 시간. 이 모든 소음을 묵살시킬 폭우가 내리길 은밀히 기대한다. '상상.' 항상 거의 표정이 없는 얼굴이나 머릿속만큼은 누구보다 활발히 상상하고 있는 중인 것이다. 어릴 땐 누구나 이 정도의 상상을 하고 산다고 생각했으나 좀 크고 나서야 남들보다 머릿속이 시끄럽다는 것을 깨닫게 되었다. 이 '상상'이라는 것은 부정적으로 흘러가 나를 옥죄어 오기도 하고 혹은 과할 정도로 긍정적이게 흘러와 현실 판단을 흐리게도 하는 것이다. 잠들기 직전까지 이 상상의 영상은 좀처럼 쉽게 끊이지 않는다.

학교 가는 버스 안 (2024. 09. 12. 목)

 익숙한 피로를 몸에 잔뜩 감은 채 버스에 탑승한다. 이젠 익숙하고 꽤나 정든 기사님께 짧게 인사를 드린 뒤 늘 앉던 자리에 늘 옆에 함께 타는 친구와 앉는다. 왼쪽 복도 쪽 좌석. 학교에 도착하자마자 제일 먼저 일어나 내릴 수 있어, 빠르게 2분 내로 걸어 올라 2층 음악실에 도착하면 조회 시작 전까지 15분을 연습할 수 있는 자리. 그 15분이 뭐라고 이렇게나 집착하게 되는 걸까. 버스가 좀 막히거나 변수가 생기는 등의 우연이 겹쳐 15분을 넘긴 날은 시작부터 꼬인 하루를 종일 풀어내느라 애쓰는 듯한 느낌이다. 달리는 버스. 고등학생이 되어 첫 등교 버스를 탔을 때의 시점과 감정을 기억한다. 중학교는 걸어서 친구들과 항상 함께 등교해서 단 한 순간도 등교하면서 적막감을 느껴 본 적이 없다. 시끌시끌 수다스러운 친구들과 인사하고 웃고 떠들며 등교하던 중학생 때와 너무나 대비되는 장면이었다. 첫 등교라 긴장한 친구들과 고등학생이라는 무게감 때문인지 그날의 달리는 버스 안 공기는 눅눅했고 나의 시점은 마치 흑백영화였으며 사람들의 동작과 표정은 무거운 듯 느릿했다. 이유를 알 수 없으나 그날의 그 장면이 오래도록, 2학년 2학기를 어느 정도 보낸 지금까지도 생생히 기억된다. 아마 앞으로의 수많을 버스 안에서의 장면보다 그날의 장면이 훨씬 선명하고 보다 진하게 기억될 것이다.

과거의 일기

며칠 전 방 청소를 하다 일기장을 발견했다. 바야흐로 5년 전, 초등학교 6학년의 일기였다. 당시의 나는 성숙하고 고차원적이며 남들보다 정신적인 측면에서 성숙한 편이리라, 또한 이 일기장 역시 소중하고 고귀한 것이며 매우 중요한 내용을 적고 있으리라 생각했던 티가 역력한, 사실은 그저 평범하고 유치하기 짝이 없는 일기였다. 당시엔 그 걱정 없는 지루함이 행복인 줄도, 좋아하는 남자애의 관심을 사는 것이 가장 큰 고민인 것이 얼마나 편한 때인지도 전혀 알지 못했다. 그렇기에 다들 "그때가 좋았지"라는 말을 하는 것일까. 항상 현재와 미래, 당장 코앞에 놓인 것들에 최선을 다하자는 생각에 몰두된 나 역시 저런 생각을 피할 순 없나 보다. 정말 과거의 나 자신이 부러운 순간이었다. 그러나 며칠 후 다시 그때를 생각하게 되었다. 과연 그때가 정말 아무런 걱정도 없었으며 의심할 여지 없이 행복한 시기였는가 하는 생각이 든 것이다. 돌이켜 생각해 보니 아니었다. 당시의 나는 피아노를 취미로만 하고 있었는데 문득 욕심이 들면서 취미 수준을 넘어 정말 깊게 공부해 보고 싶다는 생각이 들어, 예체능이라면 아주 어렸을 적부터 노심초사하며 반대하는 부모님을 어떻게 설득할 수 있을지 혼자서 심각하게 고민하던 시기였다는 것을 깨닫게 되었다. 그 이후 부모님을 설득하는 데까지 2년이 더 걸렸다. 당시의 나는 지금의 내가 부러워할 만큼 걱정 없이 행복하고 아무 생각 없이 산 것이 아니었다. 그때의 내가 그렇게 혼자 고뇌하고 걱정한 덕에, 새로운 고민과 걱정과 불안들이 더 많이 생기긴 했어도, 적어도 내가 그렇게 배워 보고 싶은 것에 빠져서 이 분야에만 매진할 수 있는 3년이 주어진 것이다. 그런데 난 과연 과거의 내가 고뇌한 보상으로 얻은 이 노력할 수 있는 시간을 충분히 누리며 배우고 노력하고 애쓰고 있는 게 맞는가 하니 역시 후회스럽고 죄책감이 든다. 당장의 내일과 이미 시작된 오늘이 행복할 줄만 알았던, 과거의 부단히 애쓰던 내가 만족하고 떳떳할 만큼, 더 열심히 배울 수 있는 기회를 놓치지 말아야겠다는 생각이 든다.

지금, 이 순간

박신비

아무 생각 없이 초등학교에 다닐 때가 바로 엊그제 같은데,
어느새 18살이 되었다.
예비 고3이라는 수식어가 따라오는.

아무 생각 없이 놀기만 했던 시절이 하염없이 그립다. 어른들은 앞으로 나이가 들면 들수록 과거가 그리워질 것이라고 하신다. 중학생은 "초등학교 다닐 때가 좋았지"라고 말하고, 고등학생은 "중학교 다닐 때가 좋았지"라고 말하는 등등 모두 끊임없이 과거를 그리워하며 살아갈 것이다. 나는 앞으로의 미래가 궁금하고 설레기도 하면서, 두려움에 한 걸음씩 뒷걸음질 치고 싶었다. 그래서 나는 항상 "오늘이 앞으로의 내가 가장 젊었던 날"이라는 말을 가슴 속에 품고 산다. 지금 이 순간을 소중하게 여기자는 의미에서다. 그래서 앞으로의 내가 가장 젊었던 날인 지금, 이 순간을 이곳에 기록해 보려 한다.

놀기만 좋아하는 나의 하루는 생각보다 바쁘게 굴러간다. 7시 30분 정도에 일어나서 8시 30분에 스쿨버스를 탄다. 내가 다니는 관인고등학교는 우리 집에서 버스로 10분 정도 걸린다. 길면서도 짧은 시간인 10분. 피곤할 때는 10분이 너무 짧아, 영원히 버스가 학교에 도착하지 않았으면 좋겠다는 생각도 든다. 아침 일찍 타고 가는 스쿨버스는 다들 피곤해서 정말 조용하다. 대부분 옆자리에 함께 앉은 친구와 이어폰을 한 쪽씩 나눠 끼고 노래를 듣는데, 내가 정말 좋아하는 시간이다. 조용한 곳에서 노래를 들으면 잠시나마 현실을 벗어나 다른 곳에 있는 기분이 든다.

학교에 도착하면 보통 8시 40분이 된다. 수업을 열심히 듣고, 쉬는 시간에는 놀기도 한다. 학교에서의 나는 여유로우면서도 바쁘다. 나는 학교 활동하는 걸 좋아해서 방송부, 학생회의 부원이고 틈틈이 도서관 봉사도 한다. 동아리 활동도 열심히 하고 학교 행사에 거의 빠지지 않는다. 전교생이 적어서 선택의 범위는 줄어들지만, 참여할 수 있는 기회는 정말 많다. 이런 점이 관인고등학교의 장점인 것 같다. 이렇게 학교를 마치면 스쿨버스를 타고 5시 40분 정도에 집에 도착한다. 집에 도착하면 빠르게 저녁을 먹고 잠시 쉬다가 6시 40분까지 학원에 간다. 학원은 집에서부터 걸어서 10분 거리인데, 학원에 가기 싫은 마음에 학원에 가는 10분은 나에게 너무나도 짧게

만 느껴진다. 친구들과 함께 학원까지 걸어가는데, 대부분 이 시간에는 하늘에 노을이 진다. 매일매일 색이 다른데, 핑크빛 노을이 정말 예쁘다. 학원에서 열심히 공부하고, 10시에 학원이 끝난다. 이 시간대에는 우리가 집에 가기 위해서 건너야 하는 신호등 불마저 모두 꺼져서 거리가 모두 어둡다. 차도 사람도 별로 없는 거리는 하루가 끝났다는 것을 나에게 알려 준다. 집에 돌아와서 씻고, 다음 날 수행평가와 과제 등을 준비하다 보면 거의 2시 혹은 3시에 잠에 든다. 이렇게 나의 하루가 끝난다.

이런 내 하루 중 절반을 가까이 관인고등학교에서 보낸다. 관인고등학교는 내가 다녔던 학교 중 가장 작지만 가장 따뜻한 학교이다. 65명의 학생과 18명의 교원이 있다. 학생 수가 적어서 교사들과 학생들 모두 서로의 얼굴을 기억하고, 이름을 부를 수 있다. 이러한 장점은 사람이 많은 도시 학교에서는 느끼기 어려운 소중한 경험이다. 또한 가끔 음악회 같은 지역 행사를 하는데 이때 근처의 초등학교, 중학교, 고등학교, 지역 주민들이 모두 모여 즐기는 장면은 졸업 후에도 그리울 것 같다. 다른 학교에 다니는 친구들은 가끔 시골에 있는 관인고등학교를 무시하곤 하지만, 나에게는 이러한 소중한 경험들이 나중에도 잊지 못할 추억으로 남아 단순한 학교를 넘어 특별한 공간이 될 것 같다.

이렇게 소중한 하루하루가 쌓여 나의 지금, 이 순간이 만들어졌다. 이 글을 읽고 있는 이들도 매일의 소중한 순간을 간직하며 살아가기를 바란다. 지금 이 순간이 우리가 가장 젊었던 날이니까!

이것저것

신지유

돌멩이

　돌멩이처럼 살고 싶다. 돌멩이는 그냥 가만히 있다. 누군가가 발로 차거나 만지지 않는 이상. 나도 아무것도 안 하고 싶다. 돌멩이처럼.

　넘쳐 나는 스케줄로 6시간 이상은 자기로 한 나와의 약속을 지키지 못한다. 할 일은 많은데 시간은 없고, 해야 하는 걸 알면서도 하기 싫고…. 학업 스트레스나 친구들과의 관계에서 오는 긴장감에서 잠시나마 벗어나고 싶은 욕구가 더욱 강해진다. 매일같이 다른 사람의 기대를 충족시키기 위해 노력하고 성과를 내야 한다는 압박 속에서 고통스러운 삶을 보낸다. 똑같은 레퍼토리를 반복하는 생활이 지겹고 지루하다. 이럴 때면 아무것도 안 하고 싶어진다. 돌멩이는 이러한 고통을 겪지 않는다. 아무런 책임도 지지 않고, 압박을 받지도 않는다. 돌멩이처럼 그냥 가만히 존재하기만 하고 싶다. 돌멩이는 그저 존재하는 것만으로도 충분한 느낌을 준다. 그저 그것이 돌멩이의 역할이다. 나도 이러한 존재가 되고 싶다. 아무것도 안 하고 가만히 있어도 충분한 존재가. 게으른 사람 같아 보일까 걱정이 되지만, 한편으로는 돌멩이가 되는 것이 너무나 행복할 것 같다. 그냥 휴식이 필요하다는 것을 이렇게 표현한다.
　휴식 시간을 가지지 않는 것은 아니지만, 인간의 욕심은 끝도 없으니… 더 많은 휴식이 필요하다. 스트레스와 피로를 풀 수 있는 날이 필요하다.

　아무런 시선을 받지 않고, 압박에서 벗어나 혼자만의 시간을 보내 편안함을 느끼고 싶다. 지나친 욕심이겠지만 돌멩이가 되고 싶다. 현실성이 없지만서도 돌멩이가 되고 싶다.

　돌멩이는 강하다. 나도 강한 사람이 되고 싶다. 겉과 속이 다 강한 사람이 되고 싶다.
　겉은 강해 보여도 속은 약한 사람이 아닌, 보이는 모습과 보이지 않는 모습이 다 강하면 좋겠다. 강철 멘탈을 가지면 좋겠다. 아무리 때려도 부서지지 않는 그런.

　어쩔 수 없다. 그냥 버텨야지 뭐….

　아, 이리저리 치이는 돌멩이가 된 것 같은데.

노력 vs. 재능

'노력은 배신하지 않는다'는 말이 있다. 이 말은 우리가 열심히 노력하면 반드시 성과를 얻을 수 있다는 희망을 준다. 맞는 말이다. 노력은 배신하지 않는다. 다만 노력이 재능을 이길 수는 없다고 본다.

물론 노력은 중요하지만 재능이 주는 우월함이 있다고 생각한다. 재능이라는 천부적인 능력은 노력으로만 이루기에는 부족한 한계가 있다. 재능이 없다면 아무리 많은 노력을 하더라도, 노력만으로는 재능과 경쟁하기에는 한계가 있다. 재능이 있는 사람은 노력이 조금 부족해도 더 멀리 나아갈 수 있다. 노력은 한계에 맞춰서 결과를 이루어 내지만, 재능은 한계를 뛰어넘어 더 광범위한 가능성으로 나아간다.

그래서 나는 재능 있는 사람이 부럽다. 물론 처음부터 이러한 생각을 가지고 있었던 것은 아니다. 예전에는 아직 현실을 경험하지 못해서 노력이 재능을 이긴다는 진부한 생각을 가졌다. 생각보다 잔인하고 혹독한 현실을 마주한 지금은 이미 노력이 재능을 이길 수 없다는 생각으로 지배됐다. 재능은 무섭고 잔인하다. 수많은 노력을 한 번에 짓밟아 버리니 말이다.

그렇다고 노력이 무의미하다는 것은 아니다. 재능을 가진 사람도 노력이 없다면 그들의 능력을 충분히 발휘하기 어렵다. 재능만으로는 잠재력을 발휘할 수 없으며, 노력을 통해 그것을 다듬어야 한다. 하지만 재능이 부족한 사람은 처음부터 끝까지 다 노력으로만 해내야 하니 무척 힘들 것이다. 아무리 노력해도 나아지지 않는다면 자존감만 낮아지고 자괴감만 든다.

이것 또한 고통이다. 아주 잔인한.

노력은 괘씸한 놈이다. 원하는 결과를 내기 위한 노력의 과정은 힘들다. 하지만 재능을 이길 수 없으니 한숨만 나오게 한다.

패션 = 표현

패션은 단순히 옷을 입는 행위가 아니라, 자신을 표현하는 강력한 도구 중 하나이다. 사람들이 어떤 옷을 입느냐는 개인의 추구, 가치관 등 감정과 내면의 상태를 드러내는 수단이 되기도 한다.

패션은 개인이 자신의 개성과 독특한 특성을 표현하는 가장 일상적인 방법이다. 어떤 옷을 입을지 선택하는 것은 그저 날씨에 맞는 옷을 입는 것을 넘어서, 사람들에게 자신이 누구인지 보여 주고자 하는 의도를 담고 있다. 청바지와 티셔츠를 즐겨 입는 사람은 격식을 차리기보다는 자유로운 라이프스타일을 추구하는 사람일 가능성이 높다. 반면에, 정장 같은 포멀한 룩을 선호하는 사람은 자신의 프로페셔널한 이미지를 전달하고 싶어 할 수 있다.

패션은 다양한 메시지를 전달하는 도구로 활용된다. 개인의 메시지를 담고 있을 뿐만 아니라 사회적 또는 정치적 메시지를 전달하는 역할도 할 수 있다. 지속 가능한 패션이 강조되면서 많은 사람들이 환경을 위해 윤리적으로 생산된 옷을 입는 것은 자신이 환경 보호에 동참하고 있다는 메시지를 전달하는 방식이 되었다.

우리가 입는 옷은 타인에게도 중요한 영향을 미친다. 첫인상은 주로 외모와 패션에 의해 형성되며, 타인은 우리가 입은 옷을 통해 우리의 성격, 직업, 추구하는 가치관 등을 추측한다. 또한, 타인과의 관계를 형성하고 유지하는 데에도 중요한 영향을 미친다.

사람들은 소셜 미디어로 자신의 옷차림을 사진으로 기록하고 공유하며 타인에게 자신을 어떻게 보이게 할지에 대해 더 많은 신경을 쓰게 되었다. 이것은 사람들이 패션을 통해 자신을 타인에게 어떻게 보여 주고 표현할지를 더 깊게 고민하게 만들었으며, 패션이 사회적으로 중요한 요소가 된 핵심적인 이유로 볼 수 있다.

옷은 우리에게 자신이 누구인지, 어떤 가치관을 가지고 있는지를 보여 줄 수 있는 흥미로운 수단이며, 타인에게 메시지를 전달하는 중요한 도구이다.

추억 여행

정수아

나는 2022년도에 관인고등학교에 입학하여 현재는 힘든 입시를 어느 정도 마무리하고, 전보다는 한결 여유로운 생활을 하고 있는 고3이다. 고등학교 생활이 얼마 남지 않은 시점, 그동안 나를 버티게 해 주었고 지금의 나를 만들어 준 3년간의 소중한 추억들을 돌아보고자 한다. 고등학교 3년이라는 시간은 누구에게나 저마다의 특별한 의미를 남기기 마련이다. 이 글을 통해 같이 추억을 나누며 이미 졸업한 사람이라면 그 당시의 학창 시절을 떠올리며, 아직 고등학교를 졸업하지 않았다면 앞으로 있을 고등학교 생활을 기대하며 같이 그 시간들을 돌아봤으면 좋겠다.

1학년, 고등학교 첫 등교날이다. 아직은 조금 쌀쌀한 공기를 맞으며 집을 나섰다. 고등학생이 된다는 것이 두렵기도 했지만, 설렘이 앞선 채 중학교 때부터 친했던 친구들과 떠들며 스쿨버스를 기다린다. 사진으로 첫 등교날의 추억을 남기기도 하며 학교로 향했다. 학교에 도착해서는 어색한 교실 속에서 친구들과 친해지고 학교생활에 적응하느라 하루가 정신없이 흘러갔다. 그날의 설렘은 지금까지도 기억 속에 선명히 남아 있다.

또 거의 매년 했던 학년 단합도 기억에 남는다. 운동장 한쪽에 마련된 자리에서 고기를 구워 먹거나, 맛있는 배달 음식을 잔뜩 시켜 맛있게 먹은 뒤 다 같이 체육관에서 레크리에이션을 한다. 대부분 다 친한 우리끼리 재밌고 편한 레크리에이션을 하는 시간들이 행복하게만 느껴졌다. 큰 학교에서는 하기 힘든, 관인고등학교만의 소중한 추억 중 하나이다.

매년 열렸던 체육대회도 빠질 수 없는 기억이다. 시골 학교에서 작게 열리는 체육대회가 무슨 재미가 있나 싶기도 하겠지만, 체육을 별로 좋아하지 않는 나조차도 이 날만큼은 기다려질 정도로 재밌다. 다른 학교에서는 보기 드문 선생님들 경기와 학부모님들 경기도 매년 빠짐없이 열리는 것을 보면, 정말 모두가 참여하는 체육대회라는 생각에 따뜻한 마음이 들기도 한다.

고등학교의 꽃이라고 할 수 있는 시험 기간과 끝없이 몰려오던 수행평가 기간도 기억에 남는다. 이 시기에는 이상하게도 친구들과 보내는 시간이 더 행복하게만 느껴진다. 야자 시간에 친구들과 사소한 얘기를 하며 먹던 석식 시간도 기억에 남고 쉬는 시간에 나가서 예쁜 색깔의 노을을 보거나 크게 뜬 달을 보면서 수다 떨던 것도 생각난다. 이런 시간들이 많은 시행착오가 있던 시험 기간을 견디게 해 준, 소소해 보이지만 나에겐 크게 다가왔던 행복들이다. 시험이 끝나면 친구들과 함께 맛있는 음식을 먹으며 그동안 쌓였던 스트레스를 풀곤 했던 것도 기억에 남는다.

시험 끝나고 꾸준히 했었던 사제동행 행사도 잊을 수 없다. 주말에 선생님들과 서울로 전시나 연극을 보러 가는 행사는 평소에는 할 수 없었던 새로운 경험들을 선물하기도 하고 선생님들과 더 가까워지고 깊은 정을 나누며 더 많은 추억을 쌓을 수 있었던 따뜻한 시간들이었다. 이것 또한 관인고등학교 학생만이 가질 수 있는 또 하나의 추억을 만들어 준다.

3년간 다녀온 체험학습 중에서 가장 기억에 남는 건 2학년 때 다녀왔던 수학여행이다. 이 기억은 내가 가장 오래 간직하고 싶은 추억들 중 하나이다. 친구들과 처음으로 제주도까지 떠나는 여행이었고 이번 기회로 친구들과 더 가까워지며 못다 한 깊은 이야기들도 나누었다. 예쁜 것들만 보고 배우고 왔기에 그 며칠간은 시간이 엄청 빠르게 지나간 거 같아 아쉬우면서도 오래 기억하고 싶은 순간이다.

연말마다 가장 기대되는 축제 이야기도 빼놓을 수 없다. 오전에는 선후배 상관없이 어울리며 준비한 동아리 부스에서 다양한 체험을 하고, 오후에는 축제의 메인인 다양한 무대를 보는 재미가 있다. 각 반에서 준비한 무대와 다양한 공연을 보며 웃고 떠들었던 순간들도 기억에 남는다. 준비하는 과정에서 친구들과 선생님들과 쌓은 추억들 덕분에 이날은 어느 학교 축제 못지않게 뜨거운 열기가 느껴지는 하루이다.

3년간의 소중한 추억들을 돌이켜 보니, 지난 고등학교 생활은 나를 더 성장시켜 준 시간들이었다. 매일같이 반복되는 시험과 수행평가에 지쳐 힘들었던 순간들도 있었지만, 그 과정에서 나를 버티게 해 준 건 함께했던 친구들과 선생님들이었다. 이때 함께 나눈 대화와 작은 위로들이 힘든 시간 속에서도 나를 웃게 했다. 관인고등학교라는 작은 공간에서 보낸 이 시간들은 단순히 지나가는 추억이 아니라, 평생 동안 내 마음속에 남아 있을 것이고, 앞으로 어떤 길을 걷더라도 그 추억들이 나에게 따뜻한 위로와 용기를 줄 것이다. 이 글을 통해 나의 추억을 나누며, 자신의 학창 시절을 떠올리거나 앞으로의 시간을 기대해 보길 바란다.

싫은 육 년

이채은

2019년 3월 2일, 난 중학생이 되었다. 방학 때 예비소집일인지 개학일인지 뭔가를 착각해서 실수로 교복을 입고 학교에 갔다가 다시 돌아온 적이 있었다. 그때는 엄마와 함께 부끄러워하며 집으로 돌아왔지만 지금 생각해 보면 그다지 부끄러울 일은 아니었던 것 같다.

어려서부터 지금까지 내가 나온 사진을 싫어하는 나는 엄마가 찍어 준 교복을 입은 내 사진이 못생기고 멍청해 보여서 정말 싫었다. 고작 몇십 미터 떨어진 곳이지만 6년 동안 다니던 학교를 떠나니 느낌이 새로웠다. 바닥과 벽은 초등학교에 다닐 때보다 낡고 더러워 보였고 책상과 의자도 좀 낡아 보였다. 처음 보는 애들도 있었고 유치원 때부터 봐 오던 애들도 있었는데 다들 얼굴에 여드름이 잔뜩 생겨 뺨이나 이마가 붉은 크레이터처럼 보였다. 처음엔 괜찮은 것 같았지만 점점 수업 내용을 이해하지 못할 때가 많았고 뒤처지고 있는 느낌이 점점 들었다.

여름이 되자 나는 못생긴 하복을 받았다. 분홍색 옷깃이 달린 회색 티셔츠와 애매한 길이의 갈색 반바지가 정말 멋지다. 그래도 더우면 입어야 했고 시간이 지나니 익숙해졌다. 지금 하복은 평범한 남색이다. 복도와 밖은 땀이 나도록 덥지만, 교실 안은 냉동실이었다. 수행평가들을 봤지만 내 준비 부족과 실수들 때문에 만점은 힘들었다. 이때는 밤까지 공부하면 뿌듯한 마음이 들었지만, 지금은 그때만큼 성실하지도 않고 그냥 빨리 집에 가고 싶기만 하다.

시험을 보는 2학년이 되고 난 코로나로 원격수업을 하게 되었고 대충 과제 제출하고 뒹굴거리는 게 일상이 되었다. 그때부터 더 무기력하고 대충 살게 되었던 것 같다. 마스크를 쓰는 건 안경에 김이 서리고 마스크에 습기가 차서 축축해질 때도 있고 숨쉬는 것도 불편했지만 얼굴을 가릴 수 있어 좋았다. 소심하게 살아온 것에 대한 반동으로 이때 말수가 많아졌는데, 생각 없이 말한 후 후회하기를 반복하다가 다시 말수가 줄었다. 쉬는 시간에 앉아 있으면 우리 반 애들이 '누군가'나 '놀거리'나 '유행하는 것'에 대해 자기들끼리 뭔가 얘기하는 게 종종 들리지만 나는 그것들에 대해 잘 몰랐다.

내가 고등학교에 입학했을 때 나는 내가 벌써 고등학생이라는 게 놀라웠다. 먼 미래의 일일 것 같았는데 점점 학년이 올라가고 어느새 고등학생이 된 것이다. 피할 수도 없고 늦출 수도 없었다. 난 아무 계획 없이 1학년 1반에 발을 내디뎠다. 고등학교

첫날은 잘 기억이 나지 않지만, 기분이 별로 안 좋았던 것 같다. 고등학생이 되고 배우는 게 어려워진 것 말고는 학교생활이 크게 바뀌지는 않았다. 평일엔 비실비실한 체력을 가진 몸으로 야자를 하며 종종 졸다가 주말에는 침대와 한 몸이 되어 누워 있곤 했다. 고등학교에 올라오면서 배우는 것들도 어려워지고 공부도 중학생 때부터 열심히 하지 않았기 때문에 성적은 별로 좋은 편은 아니었다. 1학년 때도 시험 준비를 그닥 열심히 하진 않았지만 2학년 때는 더 심해져서 벼락치기를 하게 되었고 3학년 1학기 마지막 시험 때는 끝까지 아무 준비도 하지 않았고 미적분 7등급이라는 난생처음의 숫자를 보았다.

중학생 때는 아무 동아리도 하기 싫어서 그나마 조금 재밌어 보이는 그림 동아리에 억지로 들어갔다. 휴식 동아리를 새로 만들어 보는 게 좋았겠지만 난 그런 생각을 하지 못했거나 생각만 하고 시도해 보지 않았던 것 같다. 나는 실력 없는 손을 최대한 사용해서 그림 과제를 만들었다. 고등학교 1학년 겨울방학 때 사촌 오빠네 집에 공부하러 가서 새벽까지 깨어 있는 습관이 생긴 후 고치지 않아 고등학교 2학년이 되고 나서부터는 매일매일 졸았다.

나는 매일 혼자만의 짜증으로 가득 차 있다가 쉬는 시간에 화장실에서 울거나 수업 시간에 조용히 울었는데 이따금 우는 걸 들켜서 의미 없이 선생님들을 걱정하게 만들어 민폐를 끼쳤다. 수업과 스마트폰에만 빠져 있고 밸런스가 망가진 생활 패턴을 반복하며 내 뇌는 점점 더 게을러졌고 그나마 갖고 있던 능력들을 잃었다. 요즘 집중력도 안 좋고 다른 데 정신 팔려 있는 일이 많다.

8교시가 끝나면 난 집이 매우 가까워서 집에서 주로 라면을 먹었다. 끓여 먹든 부숴 먹든, 맛있다. 요즘은 하루에 라면을 두 번씩 먹는다. 종류는 신라면 아니면 육개장 사발면이다. 주변에서 뭐라고 하면 예전엔 움츠러들었는데 지금은 내성이 조금 생겨서 죄책감보다 짜증만 난다. 수능이 얼마 안 남았는데 조금 불안하지만 별로 긴장되지 않는다. 에세이를 쓰는 내 노트북은 제대로 타자를 치는데도 글자가 많아서 그런지 조금씩 끊기며 내가 입력한 글자들을 빼먹어 알아서 오타를 만들고 있다. 화면 오른쪽 부분엔 최애 사진이 떠 있고 왼쪽 부분엔 한글이 켜져 있다. 매일 부정적인 생각이 들지만 조금만 있으면 수능이 끝나니 좀 더 힘내 보자.

홀씨

최사랑

아직도 관인고등학교에 처음 등교하던 순간이 떠오른다.
잔뜩 긴장한 상태에 교복을 풀세트로 입었던 고등학교 1학년 상태의 나.

나를 괴롭히던 마스크를 드디어 벗고 자유롭게 학교에서 수업을 들을 수 있게 된 나는 너무나 좋았지만 한편으로는 고등학교 생활을 잘할 수 있을까 많이 걱정했다. 모든 것이 순탄하고 아무 일 없이 흘러가면 좋았겠지만 늘 마음대로 흘러가지 않는 것이 삶이 아닐까 생각한다.

언제 고등학교 1학년을 다 끝낼까 싶었던 순간이 엊그제 같은데, 어느덧 추운 12월, 모두가 학교의 꽃인 축제를 준비하고 있을 때 나는 한 친구가 많이 힘들어하는 모습을 보고도 모른 척했다. 그저 지금 내가 축제 준비를 하고 있는 것에만 집중하고 싶었고 별로 친하지 않은 친구였기 때문에 보고도 모른 척했다.

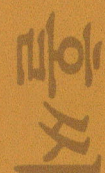

내 행동에 대한 벌이었던 것일까.
그 상황이 계속 떠올라 나는 자꾸만 깊은 바닷속에 빠져드는 것 같은 기분이 들었다. 다행히 언니가 알아채 줘서 간신히 더더 깊은 곳에 빠져들진 않게 되었지만 가끔은 많이 힘들다.

학교는 친구들과 만나 즐겁게 놀며 새로운 걸 배우고 서로 경쟁하는 곳이기도 하지만 상처를 받기도 하고 주기도 하면서 점차 나를 쌓아 갈 수 있는 공간이라고 생각한다.

학교는 배움의 장을 넘어, 나에게 다양한 경험과 성장을 선물한 공간이었다.
학교라는 이곳에서 얻은 값진 경험은 나를 변화시키는 중요한 역할을 한 것 같다.

1학년 때 이런 일을 겪어서 그런지 2학년이 되고 나서는 내가 감정적으로 많이 약해졌다는 느낌이 든다.
한번 멘탈이 무너지면 회복하는 속도가 느리고, 이성보다는 감정에 영향을 많이 받는 경향이 생겼다.

어떤 이유에서인지 나는지도 모르는 눈물.
많이 힘들었냐는 한마디에 멈출 기미가 보이지 않는 눈물.

감정 변화가 심한 나 자신을 겪으며 많이 힘들었지만 학교에서의 시간들은 나를
성장시키는 원동력이 되었다.

이곳에서의 배움은 앞으로의 삶을 살아가는 데 중요한 밑거름이 될 것이며,
나는 계속해서 새로운 도전을 마주할 준비가 되어 있다.

학교라는 공간에서 상처도 참 많이 입었지만
학교라는 공간에서 위로도 참 많이 받았기에 지금까지 버틸 수 있었던 것 같다.

관인과 인생

정아라

거의 고립되어 있다시피 한 위치에 있는 학교. 이곳에서의 학생들은 평소 무엇을 할까?

1. 올리브영 가기
2. 마라탕 먹기
3. 카페
4. 올리브영 가기

일단 내 이야기를 해 보자면, 난 주기적으로 변화를 주기 위해 안 하던 짓을 해. 그것 중 하나가 '방과후'를 신청하는 거야. 원래 난 학교가 끝나면 칼같이 집에 가거나 집 가는 애들 붙잡고 마라탕 먹으러 가는 게 루틴 중 하나였어.

내가 사는 동네에서 버스 타고 10분 정도 이동하면 시내가 나오는데, 내 주변에는 집순이들밖에 없어서 한번 밖으로 끌고 나오면 모든 것을 해결해야 해. 그 루틴이 바로 이거야.

올리브영은 제일 볼거리가 많고 시간이 잘 가서 두 번이나 방문해.

항상 같은 곳을 반복적으로 가기 때문에 그때마다 하는 루틴 같은 것이 암묵적으로 정해졌어. 시험 기간 같은 특별한 날이 아닌 이상 이런 패턴을 반복해.

이런 소소한 재미들을 포기하고 야자와 방과후를 선택한 것은 정말 학생의 본분을 지키기 위한 엄청난 결의야! 후헤헷? 후회해.

야자를 하면서 확실히 순공 시간이 늘더라고. 근데 하필 친구가 옆자리에 배정되는 불상사가 발생해 야자를 너무 즐겨 버리는 일도 종종 생겨. 왠지 모르겠는데 조용한 분위기에서 친구와 공부를 하면 괜히 딴짓하고 싶고, 할 말이 많아져. 그러다 결국 서로 쪽지를 주고받으며 웃음 참기에 집중하느라 공부를 못 하는 상황도 심심찮게 발생해. 그래도 양심상 공부를 해. 근데 학교니까 당연히 한 거긴 해.

성남 관인동

그런데 궁금하지 않아?
우리는 왜 학교를 다닐까?
단순히 대학에 들어가기 위해서 가는 것일까? 인생은 뭘까?
궁금증이 들어.
그래서 그 해답을 친구에게 얻어 볼까 해.

Q. 너에게 학교생활이란?
A. 차디찬 겨울의 한 줄기 햇살.
Q. 왜 그렇게 생각해?
A. 학교 수업 시간이 꿀 같은 휴식이라 쉬는 시간이 마치 한 줄기의 햇살처럼, 희망처럼 다가오잖아.
Q. 인생은 뭐라고 생각해?
A. 마음대로 되지 않는 것.

생각보다 간단한 답변이네. 이걸로는 인생에 대한 충분한 답변이 되지 못한 것 같아. 그래서 생각해 봤어. 하지만 인생은 내가 살아오고 살아갈 하나의 과정들이니까 마냥 생각한다고 답이 나오지는 않을 것 같아. 그래서 내가 직접 보고 겪어 오며 많은 기억들을 쌓아 온 관인을 돌아보기로 했어. 하지만 나에게 관인이란 그저 내가 거주하는 동네에 불과해. 이래서는 진전이 없으니 친구들에게 물어볼게.

Q. 너에게 관인이란?
A. 아무 생각 없어.
B. 몰라 그냥 정다운 옛날 관인임. ㅋㅋㅋㅋ
C. 소똥. 아니, 촌으로 바꿔 줭. 시골, 촌.
D. 학교.

관인은 우리가 살아가며 많은 시간을 보내고 있는 동네야. 거의 관인은 인생이라고 봐도 무방해. 하지만 그럼에도 다들 별생각 없는 것 같아. 나도 그렇긴 해. 우리에게 관인이 너무 익숙해져서 그런 것 같아. 아무 생각이 없어질 정도로.

인생도 마찬가지인 것 같아. 가까이에 있지만 그렇기에 깨닫지 못하는 점이. 하지만 자잘한 이미지들은 모두 가지고 있었고, 이러한 각기 다른 생각들이 모여 인생이 만들어지는 것 같아.

우리는 관인의 소중함도 모르고 인생도 몰라. 우리도 언젠가 관인의 소중함을 깨닫게 될까?

깨닫는다면 그때는 언제일까?

아마 졸업을 하고 성인이 된 뒤 추억이

그리워질 때쯤에, 내 10대를 모두 보내 버린 곳이 그리워질 즈음, 그때쯤일까?

잘 모르겠지만. 그때가 되면 인생에 대한 답에도 한 발자국 더 가까워질 것 같아.

첫사랑

우리를 힘껏 관통하는 시간에 대하여

주가람

여러분들은 시간이 빠르게 흐른다는 것을 알면서도, 어리석게도 시간을 붙잡으려 분투했던 기억이 있나요? 붙들려고 해도 붙들어지지 않으며, 눈에 보이지도 않고, 벗어나고 싶다고 하더라도 벗어날 수 없는 '시간의 형체와 속성'이 저는 늘 궁금했었습니다. 대다수의 고민처럼 '시간을 어떻게 효율적으로 사용할 수 있을까?'라며 시간 속으로 나를 속박하려 했던 질문부터, 나아가 '시간에 구애받지 않고 나의 시간을 주도적으로 쓸 수 있는 방법은 무엇일까?'라는 질문까지, 제 인생은 온통 시간에 대한 물음 속에 둘러싸여 있었다고 해도 과언이 아니었습니다. 어떻게 보면, 매일을 1교시의 50분과 10분의 쉬는 시간으로 나누어 살아가는 우리들도 마찬가지로 '시간'에 예속된 삶을 살아가고 있는 것은 아닐는지요.

국어 시간에는 시제에 대해서 배웁니다. 시제란 어떤 시점을 기준으로 하여 어떤 사태의 시간적 위치를 나타내는 문법 범주로, 발화시와 사건시를 기준으로 과거-현재-미래로 나뉘죠. 모두가 잘 아는 경제학자이자 작가인 '제러미 리프킨'은 《엔트로피》에서 시간을 이렇게 설명합니다.
"고립된 시스템의 총 엔트로피는 시간이 지남에 따라 증가하거나 일정하게 유지된다."
다시 말해, 자연적인 과정에서는 에너지가 자발적으로 더 질서 있는 상태에서 덜 질서 있는 상태로 변환될 수 있지만, 그 반대 방향으로는 자발적으로 일어나지 않는다는 것이죠. 즉, 엎질러진 물은 다시 흘러 담을 수 없고, 팔팔 끓던 라면 물도 불을 끈 채로 놔두면 어느새 차가워집니다. 이것이 열역학 제2법칙입니다. 이러나저러나 오래된 속담처럼 이미 내뱉은 말은 다시 주워 담을 수 없는 것이 시간이라는 것이죠.

여러 권의 전공 책과 철학 및 과학책을 통독하거나 애먼 머리만 싸매도 여전히 나를 둘러싼 '시간'은 어떤 것인지에 대한 대답을 명료히 밝힐 순 없었습니다. 결과적으로 저는 시간이라는 건 가지려 해도 가지기 어렵고, 이미 지났다고 함부로 속단할 수도 없으며, 아직 오지 않았다고 쉽게 예비할 수 있는 것이 아님을 알았습니다.
그러나 신기하게도 시간이라는 것은 우연처럼 다가와 필연처럼 새겨져 인연이라는 이름을 붙이게도 하고, 시간과 시간이 충돌하는 순간에 비로소 성장의 모습으로 꿈틀대며 반짝거리는 순간을 맞이하게 합니다. 돌아보면 4년 전, 이곳으로 저를 우연히 이끌었던 '관 인 고'처럼요.

당시 저는 서울에서 자취를 하고 있었고, 1년이나 계약기간이 남아 있었습니다. 그래서 저는 서울과 가까운 곳에서 통근하며 학교를 다닐 부푼 꿈에 설레 있었답니다. 그런데, 하하 이거 웬걸요. 관인이라니. 임용시험에 합격한 순간의 기쁨이 애석하게도 갑자기 팍 식어 버리는 듯했답니다. 그러나 그 모든 허술한 로맨스 영화의 오프닝처럼 썩 내키지 않던 '처음'은 거대한 운명을 예비합니다. 어린 교사에게 순수한 사랑과 따뜻한 아이들의 미소가 담긴 학교생활이 얼마나 행복한 것인지 제게 제대로 맛보여 줬습니다.

여러분들이 마주했던 '처음'의 경험은 어떠했나요?
첫 출근, 첫 등교, 첫 수업, 첫 승진, 첫 시험, 첫 합격, 첫 독립, 첫 이사,
그리고 이제는 아득한 혹은 누군가에게는 현재진행형인 '첫사랑'은 어떻던가요?

돌아보면.

첫 담임을 했던 기억들이 새록새록 떠오릅니다.

첫사랑

첫 영화제를 했던 기억도요.

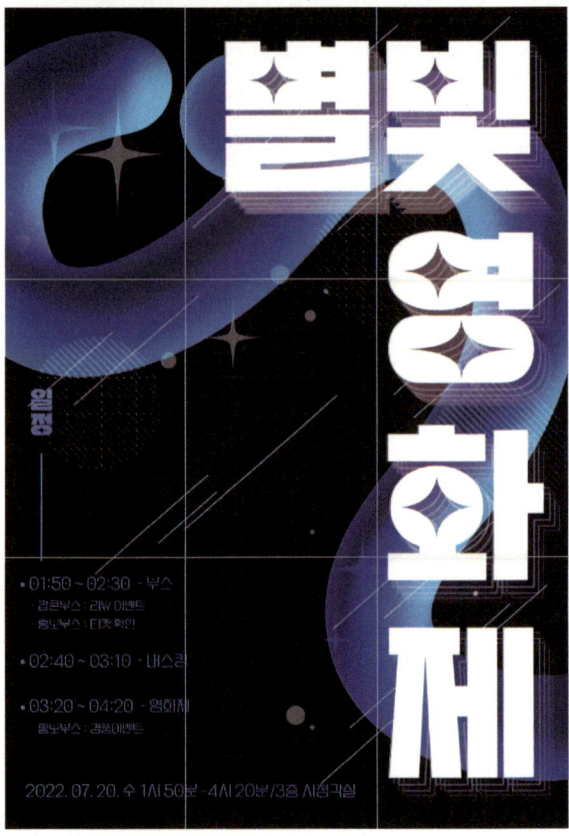

'규장각'이 출판한
문예지의 기억들도 있네요.

우리 학교에 들어오는 신입생들은 춘삼월 중학생의 티를 못 벗은 홍조 띤 얼굴로 선생님을 바라다봅니다. 조금은 어색하고 아직은 딱딱하게 굳어 있죠. 그럼 학생들과 저는 이 시를 배운답니다. 고재종의 '첫사랑'을. 첫사랑의 '첫'도 갓 발을 뗀 이 아이들에게 첫사랑을 정의하는 것이 이렇게나 어렵고 꽤나 부끄러운 일이던가 생각해 봅니다.

창밖의 나뭇가지에는 아직 녹지 않은 눈덩이가 햇빛에 물을 뚝뚝 흘리며 새 계절을 맞이하는 아름다운 풍경이 펼쳐져 있고, 아이들은 창밖의 나뭇가지에 눈이 녹은 자리를 보며. '세상에서 가장 아름다운 상처'의 의미를 되새깁니다. 아이들이 아직 겪어 보지도 않았을 '첫사랑'의 의미를 관인고등학교의 풍경과 계절과 따뜻함 속에서 읊어 가는 것을 지켜보노라면, 얼마나 황홀한 마음인지 차마 어디에 자랑할 수조차 없는 기쁨이 충만한 마음이 듭니다.

첫사랑 / 고재종

흔들리는 나뭇가지에 꽃 한번 피우려고
눈은 얼마나 많은 도전을 멈추지 않았으랴

싸그락 싸그락 두드려 보았겠지
난분분 난분분 춤추었겠지
미끄러지고 미끄러지길 수백 번,

바람 한 자락 불면 획 날아갈 사랑을 위하여
햇솜 같은 마음을 다 퍼부어 준 다음에야
마침내 피워 낸 저 황홀 보아라

봄이면 가지는 그 한번 덴 자리에
세상에서 가장 아름다운 상처를 터뜨린다

어느덧 4년 차를 맞는 지금. 이상하게도 새 학기를 맞을 때면 같은 주차장, 같은 교문, 같은 풍경이 4번이나 반복되어 돌아옵니다. 그러나 여전히 반가운 첫눈처럼 마냥 설렙니다. 솔직히 조금은 두렵기도 하고요. 그럴 때면 산타클로스가 세상에 없다는 걸 알게 되는 — 존재의 부재를 연유로 첫 번째의 상실을 경험했던 — 어릴 적의 순수함을 떠올려 봅니다. 저는 산타클로스가 이미 없다는 걸 알고 있지만, 어쩌면 산타클로스는 세상에 존재할 수도 있다는 환상 같은 희망을 다시 관인고등학교의 학생들로부터 선물받은 셈이 아니었을까, 하고 말입니다.

제 희망은 나의 제자들, 사랑스러운 우리 학생들이라고 분명히 말할 수 있습니다. 종종 아이들이 등교할 때, 안아 줄 때마다 '교사를 하길 참 잘했다'는 생각이 들었습니다. 도리어 사랑을 어떻게 표현하는 것이 옳을지 매일 집에서 고민할 만큼, 학생들은 커다란 사랑을 제게 표현하고 들려줍니다.

후에 이곳을 떠나게 되어 다시 고재종의 〈첫사랑〉을 가르칠 즈음이라면,

아마 저는
내 첫사랑은 관인고이며, 관인고의 학생들이었다고 고백할 거예요.
우리를 힘껏 관통했던 시간들을 껴안고 오늘도 잘 살아 보겠습니다.

부끄러움의 습작

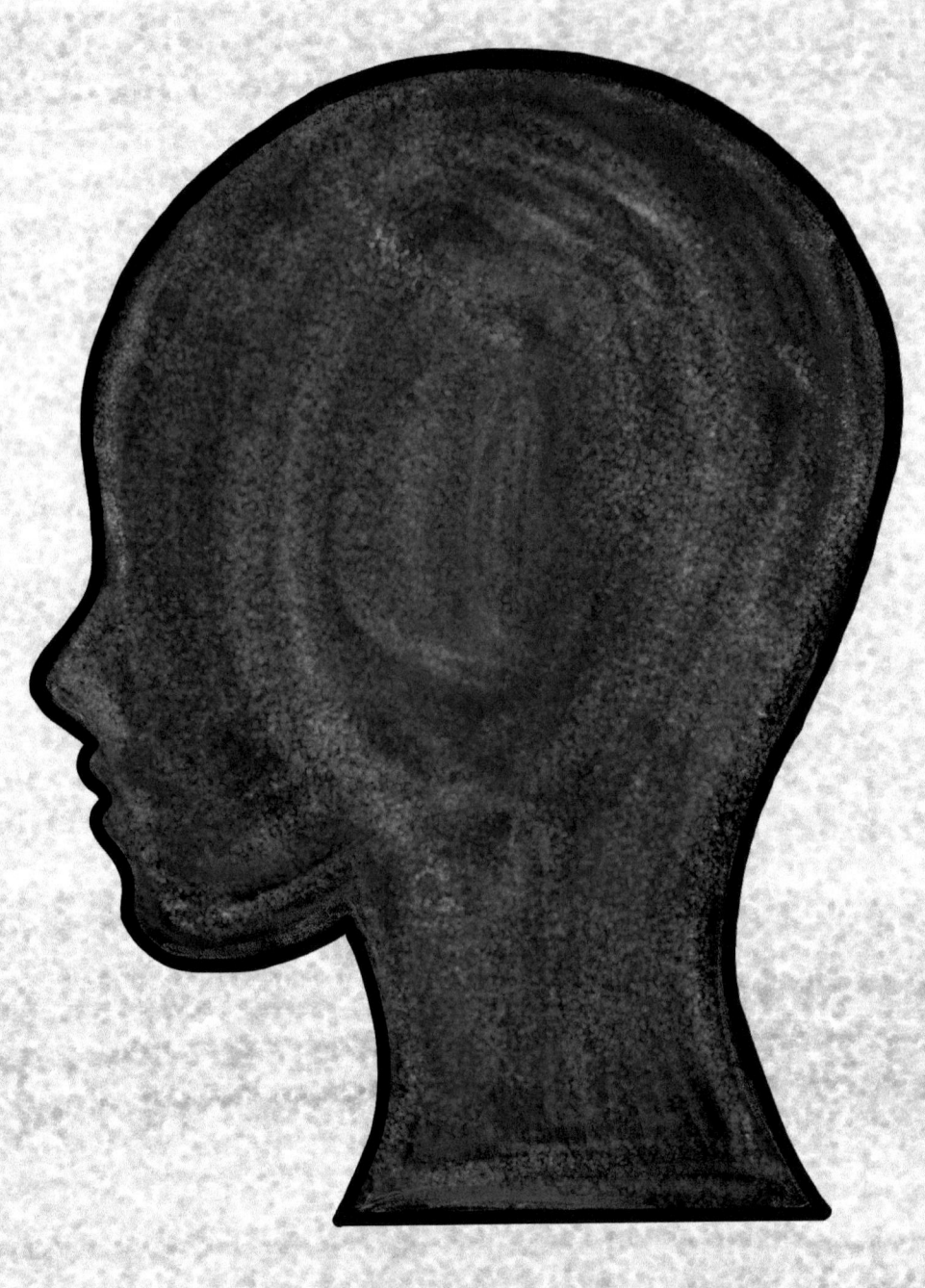

이정진

소리

 인적이 드문 조용한 마을이어서일까…. 관인에서는 유독 내 소리가 내 귀에도 너무 선명하게 들린다. 나에게도 이렇게 잘 들리는 내 소리가 타인에게는 또 어떻게 들릴지 오늘도 신경을 곤두세운다. 특히 아이들에게 어떤 소리를 내며 다가가야 할지에 대한 고민을 많이 한다. 아이들은 내가 만드는 하찮고 작은 소리들까지 민감하게 받아들이는 것 같다. 세심하지 못한 나는 내가 내는 소리가 가져올 파급력을 예상하지 못할 때가 많고 그 결과 아이들 마음에 있는 귀에 미세한 상처가 난다. 하루하루 작은 상처가 모여 심한 염증으로 이어지지 않을까 걱정이 되고 그 걱정은 다시금 내 소리에 대한 엄격한 검열로 이어진다.

 생각해 보면 지금까지 아이들에게 아름다운 소리만을 들려줘야 한다는 생각에 집착하고 있었던 것 같다. 코드를 여럿 바꿔 보면서 나의 소리를 조율하는 데 집중했고 계속해서 조율해 나가면 아이들이 듣기에도 아름다운 소리가 될 것이라고 생각했다. 그런데 내 소리가 날카로운 기계음으로 전달되었나 보다. 줄곧 아이들의 마음의 귀에 상처가 나는 것을 보면….

 아이러니하게도 소리에 대한 해답의 실마리를 아이들에게서 발견했다. 그날은 왜 그랬는지 모르겠다. 수업을 마친 쉬는 시간, 불현듯 아이들의 대화를 집중하여 듣게 되었다. 서로의 안부를 물어보는 대화 내용 자체는 지극히 평범한 고등학생의 모습이었을지 모르지만 그들이 만드는 소리와 분위기가 나에게는 전혀 평범하지 않았다. 아이들은 자신의 소리를 예쁘게 재단하고 소리를 키워 상대방에게 선보이려는 모습이 전혀 아니었다. 자신의 소리를 전달하는 데 집중하는 것이 아니라 친구들의 소리를 온몸으로 경청하는 모습이었다. 그 모습이 무척이나 예쁘고 행복해 보였다. 내 소리만을 갈고 닦으려 노력했던 내 자신이 너무 부끄러워졌다. 앞으로는 아이들의 소리를 들어 보려고 한다. 아이들의 소리가 때론 불협화음일지라도 서로의 소리를 경청하고 함께 조율해 나간다면 아름다운 선율로 변화할 수 있지 않을까?

퇴근

16시 50분, 발랄한 종소리가 귀에 들리자마자 잽싸게 가방에 짐을 쑤셔 넣는다. "내일 뵙겠습니다!" 조용한 교무실에 내 목소리가 울려 퍼진다, "내일 봬요." 동료 선생님들의 말이 채 끝나기도 전에 급하게 교무실 문밖을 나선다. 빠르게 걸어 나오면서 내가 동료 선생님들보다 먼저 학교를 나설 자격이 있는지 느리게 자문해 본다. 그렇게 도망치다시피 자리를 뜨는 내 모습을 반추하며, 학교 밖을 나오면 부끄러움이 학교 현관문 앞에 마중을 나와 있다. 단순히 고생한 내 몸에게 얼른 휴식을 부여하고 싶은 마음으로 칼퇴의 이유를 귀인하기에는 무언가 찜찜한 구석이 있다. 그것보다도 내가 오늘 하루 학교에서 정산한 부끄러움의 총량을 들킬까 서둘러 퇴근하는 편이 맞겠다. 오늘 하루 아이들과 동료 교사들에게 그리고 내 업무에 매 순간 진심이었을까…. 나 자신에게 떳떳할 수 있을까…. 기억을 더듬어 오늘 하루를 정산하고 나면 매번 출근 전에 예상한 부끄러움의 값보다 훨씬 더 큰 부끄러움의 결괏값이 도출된다.

현관 비밀번호를 누르고 방에 들어오면 공허함이 나를 맞이한다. 입고 있던 옷에 공허함의 색이 물들기 전에 서둘러 벗어 재끼고 가벼운 옷으로 환복한다. 가벼워진 옷의 무게가 나의 부끄러움의 무게를 기분이나마 가볍게 만들어 준다. 곧장 차 키를 들어 체육관으로 나선다. 체육관에서 무거운 무게를 들며 학교에서 지은 죄에 대한 마땅한 형벌을 스스로 부여한다. 형벌을 모두 마치고 나면 퇴근하면서 짊어졌던 부끄러움의 무게가 조금이나마 덜어진다. 죗값을 어느 정도 치른 것 같은 기분이 들기 때문이다. 그래서 운동을 좋아하게 된 건지도 모르겠다. 운동 강도와 빈도가 점점 늘어난다. 지인들과의 통화도 함께 늘었다. 지인들에게 학교에서 느꼈던 부끄러움을 솔직하게 이야기하고 나면 전화기 너머로 사랑의 회초리가 날아온다. 그러한 질책이 나의 죄책감을 조금이나마 덜어 주어 고맙다. 하지만 더 늦기 전에 학교 밖에서 부끄러움을 청산하려는 나의 못된 습관을 고치고 싶다. 학교 밖이 아닌 학교 안에서 나의 부끄러움을 청산하는 것이 본질적인 자구책이라는 것을 나 자신도 잘 알고 있다. 청산에 얼마나 오랜 시간이 걸릴지는 모르겠지만….

"내일 뵙겠습니다!"

내일은 내 목소리가 교무실에 제일 먼저 울려 퍼져도 떳떳할 수 있는 하루가 되기를 다짐하며 오늘도 진심을 품에 안고 학교로 나선다.

냄새

사람들은 각자 남들과는 다른 자기만의 고유한 냄새를 풍긴다. 지구상의 많은 사람들이 겹치지 않게 모두 다른 냄새를 가지고 있다는 것이 언제 생각해도 참 신기할 따름이다. 향긋한 섬유 유연제 냄새, 아저씨 스킨 냄새, 며칠씩 머리를 감지 않아 나는 퀴퀴한 냄새를 생각했을 수도 있다. 하지만 내가 얘기하고자 하는 냄새는 이런 냄새들이 아니다. 나는 사람의 됨됨이에서 나오는 고유한 냄새를 말하고자 한다. 보이지도 않고 코로 맡을 수도 없는 그런 인품의 냄새…. 어떤 이들의 인품에서는 방금 막 씻고 나온 것처럼 포근한 샴푸 향이 나지만 또 어떤 이들의 인품에서는 쓰레기 매립장을 방불케 하는 썩은 내가 나기도 한다. 또 신기한 것은 같은 행동, 같은 말을 하는데도 그곳에서 풍기는 냄새가 사람마다 전혀 다르다는 것이다. 심지어 그 냄새가 어디서 기인하는지 꼬집어 말하기도 정말 어렵다. 마치 출근길 버스 안에서 방귀를 뀐 범인을 찾는 것처럼 말이다. 추측하건대 살아온 환경, 굳어진 가치관 등 다양한 요소들이 섞여 냄새를 만들어 내지 않을까 싶다.

참 역설적이고 재밌는 것은 타인의 냄새는 굳이 집중을 하지 않아도 코에 잘 들어오지만 정작 자신에게 어떤 냄새가 나는지는 온 집중을 다하여도 정확히 파악하기가 어렵다는 것이다. 그래서 우리는 정작 자신의 냄새는 맡지 못한 채 다른 이의 냄새를 함부로 비난하고 그 냄새를 씻어 내기를 강요한다. 그렇다면 나는 지금까지 아이들의 냄새에 어떤 식으로 반응하는 교사였을까. 아이들에게서 내가 좋아하는 냄새가 나지 않았을 때 나 또한 아이들을 질책하고 내가 갖고 있는 향수를 뿌려 함부로 아이들의 냄새를 지우려고 하지는 않았을까. 내가 아이들을 질책할 자격이 있을 만큼 향기로운 냄새를 가지고 있을까. 이러한 성찰들이 내 머릿속을 어지럽히면 정돈하는 데 한참의 시간이 소요된다.

아무리 내 몸에 코를 갖다 대어 킁킁거려도 정확히 어떤 냄새인지 정의하기가 어렵다. 내 몸에서 어떤 냄새가 날지 몰라 아이들을 대하는 데 있어 주저할 때도 많다. 혹시나 악취가 날까 계속해서 내 몸을 닦게 되는 강박증도 생겼다. 그래도 앞으로는 나의 강박을 마냥 미워하지는 않으련다. 강박은 곧 성찰의 다른 이름이라고 할 수 있으니…. 나의 강박이 아이들에게 좋은 향기를 전해 주는 디퓨저 되기를 바라며 오늘도 부끄러움을 느낀다.

가면

어린 소년이었던 나는 민낯으로도 부끄럽지 않게 집 밖을 나섰다. 학교에 가면 친구들도 한 치의 가식 없이 민낯으로 자신의 모든 것을 보여 주었고 나도 있는 그대로 그들을 받아들였다. 다른 사람이 우리를 어떻게 보는지는 중요하지 않았다. 우리는 꾸미려 하지 않았고 그 자체를 인정했다. 어른이 된 지금, 나는 두꺼운 가면을 쓴 채 부끄럽게 집 밖을 나선다. 대부분의 어른들은 자신의 가면에 대한 타인의 평가를 행복의 잣대로 삼는다. 나도 그런 어른이 되어 가고 있는 것만 같다. 아침이 되면 약속이라도 한 듯 모두 두꺼운 가면을 쓴 채 출근하고, 자기 가면의 아름다운 부분만을 자랑하기 바쁘다. 열심히 자기 가면을 자랑하는 가면무도회가 끝나면 다들 아무 일도 없었다는 듯이 태연히 집으로 돌아간다.

내가 집으로 돌아와 제일 먼저 하는 일은 답답한 가면을 벗어 내는 것이다. 얼굴에 빈틈없이 달라붙어 있는 가면을 벗어 던지고 참았던 숨을 들이마신다. 가쁜 숨을 겨우 진정시키고 안정을 되찾으면 그제야 빨간 펜을 들어 오늘 하루를 채점할 여유가 생겨난다. 오늘의 문제지를 펼쳐 보면, 가면을 쓴 채 내뱉었던 말과 행동 하나하나가 모두 오답이다. 더 이상의 빨간 줄을 보고 싶지 않아 문제지를 덮어 두어 채점을 미루다 잠이 들고 또 다른 아침을 맞이한다. 그리고 집 밖을 나서기 전에 어제 내팽겨쳐 두었던 가면을 또다시 얼굴에 맞춰 보며 거울에 비친 내 모습을 보고 한숨짓는다.

어렸을 때는 어른들이 쓰는 가면이 너무 멋있어 보였다. 어른들의 정제되고 잘 꾸며진 그 두꺼운 가면이 어린 나에게는 돈 주고 살 수 없는 귀중한 자산처럼 느껴졌다. 술을 마시고 싶어서, 담배를 피우고 싶어서, 돈을 벌어 보고 싶어서 아니라 순전히 그 가면을 얼른 써 보고 싶어서 어른이 되고 싶었다. 철없고 어리석은 생각이었다.

지금의 나로서는 민낯으로 소통하는 아이들이 부럽기만 하다. 서로의 민낯을 있는 그대로 공유하는 시간들. 그 값진 시간을 누리고 있는 아이들이 너무 부럽다. 그렇다고 이제부터 민낯으로 당당하게 밖에 나서겠다는 섣부른 결심은 하지 못할 것 같다. 한여름에 선크림을 바르지 않고서는 밖에 나갈 엄두가 나지 않듯이, 내 두꺼운 가면을 벗고 밖을 나섰다가 내 민낯이 다 타 버릴까 두려워 도무지 용기가 나지는 않는다. 그래도 용기 내어 아이들을 위한 한 가지 결심만큼은 하고 싶다. "두꺼운 가면을 쓰고 아이들에게 멋있는 가면을 만들어 쓰라고 강요하는 교사가 되지 말자." 순수한 민낯 그 자체가 나중에는 더 귀중한 자산이라고 말하고 싶다. 그 순수함을 지키며 아름다운 민낯을 당당히 드러낼 수 있는 어른으로 성장했으면….

관인고의 학생들에게 보내는 편지

時點의 重要함

우리는 "시간의 흐름 가운데 어떤 한순간"을 '시점(時點)'이라고 정의합니다.

만만찮은 세상을 살아가면서 누구든 성공의 호사만을 누릴 수는 없을 것입니다. 이를 누리기 위해서는 잘 계획된 인생의 설계와 남보다 부단히 노력하는 성실한 생활이 요구될 것입니다. 모든 일에는 시작과 끝이 있기 마련이며, 잘 계획된 시작은 물론이며 성실한 끝맺음은 무엇보다 중요한 가치를 지닌다고 생각합니다.

"시작과 끝맺음."

학교에서 해마다 마주하는 행사 중 "입학과 졸업"은 저마다 느끼는 감정과 대하는 마음가짐이 자못 다를 것입니다. 어느덧 우리에게는 갑진년(甲辰年) 한 해의 끝맺음과 동시에 을사년(乙巳年) 한 해를 준비해야 하는 중요한 공존의 시점(時點)을 맞고 있습니다.

중국 전국시대《순자집해(荀子集解)》의 권학편(勸學篇)에 나오는 고사(古事)로 "공재불사(功在不舍)", 즉 "성공은 중간에 그만두지 않음"에 달려 있다는 뜻입니다. 이는 최선을 다하여 끝까지 도전하면 반드시 이룰 수 있다는 말입니다. 그 예로 물방울이 바위를 뚫을 수 있는 것은 물방울의 파괴력이 아니라 꾸준함이 이루어 낸 결과일 것입니다. 또 지렁이는 날카로운 이빨도 없고 강한 힘줄이나 뼈가 없어도 위에서 더러운 흙을 먹고, 아래에서 누런 물을 마실 수 있는 이유는 생존하기 위한 그 마음가짐이 한결같기 때문입니다.

중국 최초의 시가 총집이자, 동아시아 시가 문학의 원조라고 볼 수 있는《시경(詩經)》에는 "행백리자반어구십(行百里者半於九十)"이라는 말이 있습니다. '백 리를 가는 사람은 구십 리를 갔을 때 비로소 절반으로 생각한다'는 뜻입니다. 마무리의 어려움을 강조하며 현재는 무슨 일을 함에 있어서 성공에 가까울수록 어렵다는 것을 비유하면서, 일을 함에 유종의 미를 거두도록 사람들을 격려하는 말입니다. 즉 초심(初心)의 마음으로 끝마무리를 잘해야 한다는 의미입니다.

관인고의 자랑스러운 여러분!

갑진년(甲辰年) 한 해의 끝맺음을 해야 하는 시기를 맞이함과 동시에 을사년(乙巳年) 새로운 한 해의 시작이라는 또 다른 인생의 중요한 시점(時點)을 공유하며, 새 학년의 시작이거나 혹은 사회의 일원이 되는 과정을 경험할 것입니다.

조금 부족하고 다소 설익은 미완성의 인격체인 우리에겐 다가오는 미래가 있다는 자부심과 원대한 꿈을 가슴에 품고, 낙숫물의 꾸준함과 미물(微物)인 지렁이가 살아가는 삶의 교훈을 마음에 되새기며 항상 최선을 다하는 여러분의 모습을 기대합니다.

10월의 마지막 날에……